고소의 기술

90%는 모르는
변호사의 실전 테크닉

조회수 800만
현변TV
생존법률

고소의
기술

현창윤,
김건우 지음

매일경제신문사

들어가며

"고소는 누구나 할 수 있고, 누구나 당할 수 있다."

살면서 누군가에게 미움을 받고 다툰다는 것만으로도 상당히 스트레스를 받는 일입니다. 그래서 우리는 가끔 내가 조금 손해 보더라도 다툼을 피해가기도 합니다.

그런데 말입니다.

누군가에게 미움을 받는 것을 넘어서, 누군가가 나를 형사 처벌을 받게 할 목적으로 고소를 한다는 것은 단순히 '스트레스 받는다'는 것과는 차원이 다른 이야기입니다. 누군가가 나를 고소했다면 피할 수 없는 형사 절차가 시작되고 이 절차의 끝에는 징역과 같은 무서운 처벌이 기다리고 있을 수도 있죠. 혹시 형사 절차를 겪어 본 사람이라면 알겠지만, 형사 절차가 진행되는 동안은 다른 일에서 경험하지 못한 큰 스트레스를 받을 수밖에 없습니다.

누군가가 나를 형사 처벌을 받게 할 목적으로 고소까지 하고, 그로 인해서 경찰서에 출석하고, 잘못하면 처벌을 받을 수도 있다는 두려움은 사람을 벼랑 끝으로 몰리게 합니다. 불행하게도, 일단 누군가의 고소장이 접수되고 그로 인해서 형사 절차가 시작된 이상, 이 절차에서 쉽게 벗어날 수 있는 방법은 없습니다. 형사 절차는 단계별로 경찰, 검찰, 법원으로 순차적으로 진행될 수 있고, 가급적 수사절차에서 마무리되기를 노력하는 수밖에 없습니다.

문제는 형사 절차는 단순히 기다리고 견딘다고 해서 모든 것이 해결되는 절차는 아니라는 것입니다. 다 잘 될 것이라 기대하는 것은 적어도 형사 절차에서만큼은 정말 막연하고 나태한 생각입니다. 변호사로서 많은 의뢰인을 상담하고 사건을 해결해오면서, 소극적인 대응으로만 일관하다가 막판에 몰려서야 비로소 무언가 잘못되었다는 것을 깨닫고 찾아오는 사람들을 상당히 많이 봅니다.

변호사로서 중요하게 생각하는 문제는 상황의 정확한 판단과 전략적인 대응입니다. 형사 절차를 단순하게 소극적으로 기다리는 것이 아니라, 현재 상황을 정확하게 진단하고, 앞으로 남아있는 형사 절차들을 미리 예상해보고 각각의 절차에서 이루어질 수 있는 수사의 방법들과 그때마다 어떻게 대응해야 하는지 큰 전략과 세부 전략을 세우는 일입니다. 전쟁에서도 전략이 없다면 승리할 수 없듯이 형사 절차에서도 적절한 전략 없이 막연하고 소극적인 태도만으로는 최선의 결과를 얻어낼 수 없습니다.

이렇게 힘든 형사 절차를 겪을 때 언제든지 편히 전화해서 물어볼 수 있는 든든한 변호사 친구가 있다면 얼마나 좋을까? 이런 생각을 한 번쯤 해보기도 할 것입니다. 현실적으로 누구에게나 핸드폰에 지금 당장 전화해서 물어볼 수 있는 변호사의 전화번호가 있기는 힘듭니다. 그렇다고 모든 상황에서 일일이 변호사와 상담할 수도 없고, 인터넷에 범람한 부정확한 정보만을 근거로 형사 절차에 대응하는 것은 위험할 수 있습니다. 따라서 형사 절차에 처한 여러분을 위해 '지금 당장 써먹을 수 있는 변호사의 실전 노하우만이라도 압축적으로 알고 있으면 좋지 않을까'라는 마음으로 이 책을 씁니다.

2024년 9월

현창윤, 김건우

CONTENTS

PART 3 각종 사례에 적용하는 실전 고소의 기술

APPENDIX **부록**

고소의 기술

수사·재판은 이렇게 진행된다

❶ 수사관에게 전화가 오면 조사 일정을 일단 미루자 → ❷ 고소장을 확보하라 → ❸ 고소장을 보고 무죄를 주장할지, 유죄를 인정하고 선처받을지 결정하자 → ❹ 증거를 준비하라 → ❺ 1차 목표는 불송치/불기소다 → ❻ 피의자 진술조서는 신중해야 한다 → ❼ 피의자 신문을 꼼꼼히 준비하라 → ❽ 형사 재판에 가면 증거기록을 열람해서 새로운 정보를 얻는다 → ❾ 합의는 잘 판단하자 → ❿ 항소는 7일과 20일을 기억하라

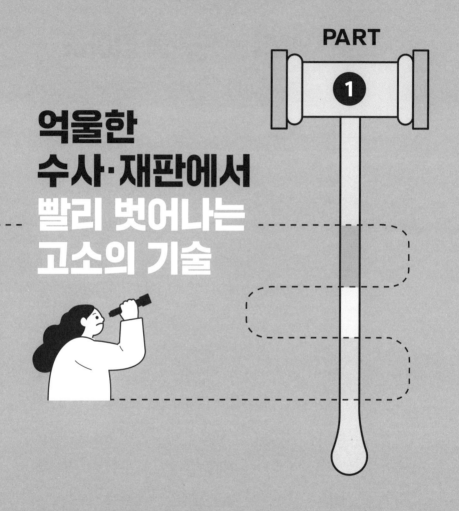

PART

1

억울한
수사·재판에서
빨리 벗어나는
고소의 기술

첫 조사부터 주도권을 잡아라

무죄는 내가 밝혀야 한다

형사 절차는 단순하게 소극적으로 대응하기만 하는 것으로는 절대 최선의 결과를 이끌어낼 수 없습니다. 오히려 소극적 대응으로 일관하다가 억울함을 더 크게 키운 사람들의 경우를 너무나도 많이 목격합니다.

변호사로서 상담받는 사람들에게 강조합니다. 막연하게 '나는 무죄니까, 나는 억울하니까 잘 되겠지'라는 어설픈 믿음만으로는 어렵다는 것입니다. 내가 무죄라고 굳게 믿고 있더라도 경찰이 보는 사실관계, 검사가 보는 사실관계, 그리고 판사가 보는 사실관계는 매우 다릅니다. 사건은 보는 각도에 따라 180도로 다르게 보일 수 있습니다. 변호사는 그 시점과 시점 사이의 간극을 메우는 역할이기도 하죠.

수사는 함정이 아닙니다. 그러나 본인 스스로 함정 같은 상황을 만드는 경우는 수없이 많이 보았습니다. 충분히 내게 죄가 없다는 것을 밝힐 수 있는 상황이 주어졌음에도 적절한 시기에 적절한 항변을 하지 못하는 것이죠. 내가 죄가 없다는 걸 밝히는 것은 때론 쉬운 일이 아닙니다. 많은 수고와 시간을 투자해야 하는 일입니다.

이미 피할 수 없는 고소를 당했다면, 이제는 좀 더 적극적인 대응이 필요할 때입니다. 내가 당장 해야 할 것은 무엇인가, 할 수 있는 것은 무엇인가를 확인하고, 다양한 선택지와 경우의 수를 고민해 보고 지금 절차에 맞는 대응을 해두어야 하는 것이죠.

그러기 위해서는 앞으로 내 앞에 어떤 절차가 닥쳐올 것인지 형사 절차에 대해서 알고 있어야겠죠. 각 장에서는 피고소인 입장에서 닥쳐올 형사 절차를 순서별로 개괄적으로 설명하고 각 절차마다 여러분의 변호사로서 이런 것을 준비하게 된다는 노하우를 설명하겠습니다.

해야 할 것들이 있다
다만 모르고 있을 뿐

형사 절차에 막연한 두려움을 가질 필요는 없습니다. 그러나 적어도 어떤 절차가 앞으로 기다리고 있고 해당 절차에서 꼭 필요한 대응은 무엇인지 알고는 있어야 합니다.

법률상 형사 절차에서 피의자에게 주어진 권리를 100% 활용해서 정도(正道)로 대응하는 것이 최선입니다. 각각의 절차에서 형법과 형사소송법상 주어진 권리만 꼼꼼히 찾아 대응하더라도 막연히 대응하는 것보다 훨씬 나은 결과가 나올 것이라 조언할 수 있습니다.

법률상 형사 절차에서 피의자에게 주어진 권리는 생각보다 많고 해 형사 절차는 피할 수 없다. 수사 초기부터 적극적으로 빠르게 대응해서 억울함에서 벗어나는 방법을 시작하자. 나에게 주어진 방어할 수 있는 권리가 생각보다 많다.

야 할 것도 많습니다. 다만 법률상 주어진 절차를 어떻게 활용할지, 활용하지 않을지는 오로지 당사자들에게 맡겨져 있습니다. 법이 권리를 떠먹여 주지는 않으니 알아서 찾아보아야 한다는 것입니다. 실상 피의자에게 주어진 권리는 무엇인지, 이 절차에서 어떤 부분을 주의 깊게 살펴야 하는지 잘 모르는 경우가 부지기수이죠.

그래서 형사 절차에서 주어진 권리를 충실히 활용하여 방어를 하기 위하여 변호사를 선임하는 것이고, 반면에 전문가가 아닌 이상 자신에게 주어진 칼자루가 어떤 것인지 방패는 어떤 것인지조차 잘 알지 못하여 방어를 제대로 하지 못하고 억울함에 빠지게 되는 것입니다.

고소를 당했다는 것은
언제 알게 될까

우리는 '고소장을 받았다'고 표현합니다. 하지만, 실제로 고소인이 피고소인에게 직접 고소장을 보내는 경우는 없습니다. 민사 소장이라면 원고는 법원에 접수하고 법원에서 피고에게 소장을 보내겠지만, 형사 절차에서는 경찰서에 접수한 고소장을 친절하게 피고소인에게 보내주는 경우는 없습니다.

일반적으로 피고소인이 고소를 당했다는 것을 알게 되는 시점은, 고소인이 변호사와 상담을 하고, 고소장을 준비하고 관할 경찰서에 고소장을 접수하고, 이후 고소인으로서 경찰서에 출석해 진술까지 하고 난 다음에 담당 수사관이 피고소인에게 연락을 취함으로써 그때 비로소 알게 되는 것입니다.

특히 고소를 당한 사실을 처음 알게 되는 시점에서는 아무런 준비를 해두지 못한 상태이기에 무방비 상태일 수밖에 없습니다. 그런데 정작 형사 절차에서 가장 해야 할 것이 많고 중요한 골든타임 중 하나가 수사 개시 시점이기도 합니다. 그러니 미처 제대로 준비하기도 전에 무방비 상태로 수사를 받게 되는 경우가 허다합니다. 매우 당혹스럽고 혼란스러운 상황이지만 이때에도 따라야 할 대응 방법은 있고 이 정도 노하우는 반드시 미리 알아 두기를 권합니다.

이 전화는 아무런 예고 없이 오는 것이기에 피고소인 입장에서는 말 그대로 마른하늘에 날벼락이고 무방비 상태로 담당 수사관의 질문에 응해야 하죠. 바로 이런 상황에서 알면 좋은 노하우를 설명하기 위해 예를 들어 보겠습니다.

다음 사례에서 우리들이 첫 대응에서 얼마나 많은 실수를 하는지 경찰 수사관과 식품 납품업자의 통화를 살펴보겠습니다.

식품 납품업을 하던 사람이 있었습니다. 장사 준비로 바쁘던 오후 늦게 전화 한 통을 받게 되는데요. 경찰 수사관, 우리가 흔히 형사라고 말하는 사람입니다. 처음에는 경찰이라고 하니 당황스럽기도 하고 보이스피싱인가 싶기도 합니다. 그렇지만 몇 가지 묻는 말에 답을 하게 되었습니다.

"B라는 분에게 돈을 줄 게 있는데 안 주고 있으시죠?"

"네...? (돈 줄 것은 아닌데, 정산은 해야 되니까...) 네네, 맞습니다."

"고소장이 접수되어 간단히 조사할 게 있으니 서로 출석해주세요. 내일 저녁 출석하세요."

"네? 내일이요. 아...네네, 알겠습니다."

자, 이 사람은 경찰의 전화를 받고 조사를 받기 전까지 이 짧은 대화에 몇 가지 실수를 했을까요?

경찰의 전화를 받고 조사도 받기 전에
몇 가지 실수를 했을까

이 사람은 간단한 조사라는 경찰의 말을 듣고, 또 자신이 크게 잘못한 것은 없다고 생각하여 다음 날 아무런 준비 없이 경찰서로 출석하여 조사를 받게 됩니다. 그리고 이 첫 번째 조사를 아주 잘못 받고 큰 억울함에 빠질 뻔합니다.

자, 이 사람의 실수는 첫 번째 질문에 대한 답변부터 시작됩니다.

"네, 맞습니다."

수사관의 수사 기법마다 다를 수 있지만, 이렇게 수사 일정을 잡으면서 몇 가지 질문을 통해 개괄적인 수사의 틀을 만드는 경우가 있습니다. 이 사람의 경우에도 바로 이런 경우였는데요. 수사관이 돈을 줄게 있는데 주지 않았느냐는 질문에 사실과 다른 내용이 있었는데도 대수롭지 않게 여겨 그렇다고 대답을 해버렸죠.

이런 답변의 경우 비록 정식 조사는 아니라 하더라도 나중에 '사실은 이렇다'라고 해명을 하게 되면, 경우에 따라 '이 사람이 말을 바꾸었다'는 인식을 주게 되어 수사관의 심증에 안 좋은 영향을 미치게 되고, 심한 경우 말이 바뀐 부분에 대해서 진술조서에 왜 말을 바꾸었는지 진술로 남기는 경우도 있습니다. 이러한 진술조서는 향후 검사와 판사까지 볼 수 있으니 매우 중요한 증거가 되는데 불리한 진술이 남는 것이니 여러분에게 좋게 작용할 리가 없습니다.

따라서 이에 대한 즉답을 한 것, 그것도 유리한 사실은 빼놓고 오히려 고소인이 원하는 방향의 주장이 사실인 것처럼 진술한 것은 큰 실수라고 볼 수 있습니다.

또한, 이 사람은 다음 답변도 잘못했습니다.

"내일 출석하겠습니다."

경찰을 통해 일단 고소를 당한 사실을 알았다면, 이 단계에서 효과적인 피의자의 방어권으로서 고소장을 확보할 수 있도록 충분한 시간을 두고 출석에 응했어야 했습니다. 또 어떤 상황인지 사정을 확인해보고 최소한의 법률상담이라도 받아볼 시간을 충분히 두고 출석했더라도 전혀 늦지 않습니다. 그런데 바로 다음 날 출석을 하기로 약속했죠.

때에 따라서는 바로 그날 조사를 하자고 당일 조사를 권유하면서 출석을 요구하기도 하는데, 정말 경미하고 미리 자백을 준비하고 있는 경우가 아니라면 당일 출석은 추천하지 않습니다. 이런 경찰의 출석 요구에 당장 응하지 않을 경우 불이익을 입지 않을까 하는 불안감에 순간적으로 응하게 되는 경우가 있는데요. 충분한 방어는 피의자에게 주어진 권리이므로 걱정할 이유가 없습니다.

앞서 말했던 고소장을 확보하는 데 절차적으로 1~2주 정도의 기간이 소요됩니다. 고소장을 확보한 후에는 고소 사실도 다시 한번 확인해보고 변호사와 상담하기 위한 시간도 필요하므로 이에 필요한 기간을 산정해서 그 이후로 일정을 잡는 것이 바람직하죠. 정말 정말 경미하고 미리 자백하고 수사에 협조하여 선처를 구할 것을 계획하고 있는 경우가 아니라면 당일 출석은 추천하지 않습니다. 구체적인 고소장 확보 방법은 다음 장에서 설명하겠습니다.

이처럼 간단한 질문이라도 때로는 절차상 중요한 의미가 있을 수 있고, 어떻게 답변하는지에 따라서 전체적인 수사의 큰 영향이 갈 수도 있는 것이고, 사실과 다른 진술을 하거나, 수사관의 질문을 정확히 파악하지 못하여 잘못된 답변을 할 경우 수사관이 좋지 않은 심증을 가질 수 있는 것은 덤이죠.

수사관과의 전화 통화에서는
어떻게 답변을 하는 것이 최선일까

이런 상황에서는 아직 변호사와 상의하지 않은 상태이므로 공식적으로 답변할 만한 입장을 만들어 두지 못한 상태입니다. 아직 방향성이 명확하지 않은 상태에서는 최대한 입장을 유보하는 것이 좋습니다. 그렇다고 앞으로 나의 사건을 담당할 담당 수사관에게 좋지 않은 모습을 보일 필요는 없기에 공격적으로 대응할 필요도 없습니다. 그러니 가능한 한 정중하게 답변하되, 당장의 입장표명은 유보하는 답변을 하면 됩니다.

이렇게 말이죠.

"고소가 접수된 사실을 지금 알았습니다. 그러니 아직 답변할 준비가 되지 않았고 고소장을 열람할 시간을 받고 싶습니다. 조사 일정을 여유 있게 잡아주면 출석해서 자세히 답변드리겠습니다."

이렇게 고소를 당했다는 전화를 받게 될 경우, 즉각적인 답보다는 입장을 정리할 시간을 두어야 하고, 고소장을 확보해야 한다는 것을 알게 되었습니다. 나아가, 단순히 고소장의 확인뿐만 아니라 법률전문가인 변호사의 자문을 통해 사건을 어떻게 대응해야 할지를 논의해볼 필요도 있겠지요.

설사, 고소를 당했다 하더라도 방어권은 보장되어야 하고, 나아가 변호인으로부터 조력을 받을 권리 역시 보장되어야 하므로 충분히 이러한 권리들을 행사해야 합니다. 이것만으로도 초기 형사 절차에 진행되는 모습에 대해서 이해할 수 있고, 형사 절차에 대한 두려움을

실전! 생존법

얼떨결에 답변하지 말아야 한다. 수사관이 질문하면 "아직 답변할 준비가 되지 않았습니다. 고소장 열람 이후로 출석 조사 일정을 여유 있게 잡아주세요" 라고 말한다.

적잖이 내려놓을 수 있어 당황하여 좌충우돌하다가 억울해지는 일을 많이 막을 수가 있습니다.

CHAPTER
2

고소장을 확보하라

고소장을 확보하는 것은
내 사건의 X-RAY를 찍어보는 것

이전 장에서 우리는 담당 수사관과 통화할 때 아직 내 입장은 유보하는 동시에 고소장을 확보할 수 있는 시간을 충분히 받아내는 요령을 알 수 있었습니다.

수사가 개시되는 시점에서 피고소인이 취할 수 있는 권리의 대표적인 예가 고소장 열람입니다. 고소장 접수로 형사 절차가 개시되었다면, 반대로 피고소인 역시 그 고소장의 내용을 확인하고 대응하는 것이 공평의 원칙에 부합하고 자연스럽겠죠. 민사소송과는 달리 경찰서에서 친절하게 고소장을 피고소인에게 전달해주지는 않으니, 피고소인은 스스로 법률적인 절차를 통해 고소장을 확보해 보아야 합니다.

많은 사람이 고소장을 확보할 수 있다는 것을 잘 모릅니다. 더 나아가 고소장을 확보하는 것이 왜 중요한지 모르고 그대로 조사받으러 가면서 낭패를 보는 경우가 많습니다.

고소인이 작성하여 제출한 고소장을 확인하고 그 안에 기재되어있는 고소 내용, 특히 어떤 죄목인지, 그 죄목의 구체적인 범죄사실로 기재된 사실관계는 무엇인지를 확인하는 것은 매우 중요합니다.

단순히 내가 억울하니까, 당당하면 괜찮다고 생각하고 고소장 내용을 확인하지 않고 경찰 조사에 들어가게 된다면 이것은 스타크래프트 게임에 비유하자면 정찰을 하지 않고 플레이를 하는 것과 마찬가지입니다. 의사의 입장에 비유하자면 X-RAY를 찍어보지도 않고 골절을 치료해보겠다는 것과 같습니다. 얼마나 다쳤는지 알아야 치료 방법도 나오고 재활 기간도 알 수 있는 것처럼 고소 내용을 정확히 분석해야 대응법도 나올 수 있습니다.

손자병법에서 인용한 이순신 장군의 유명한 말이 있습니다. '적을 알고 나를 알면 100번 싸워도 위태롭지 않다'고 말씀했죠. 그만큼 형사 절차를 진행하는 데에 있어 고소장 열람의 필요성에 딱 들어맞는 말은 없을 것 같습니다. 반대로 주어진 권리임에도 이를 간과하거나 방심하고 조사에 들어가게 되면 그만큼 자기 자신을 위태롭게 하는 일이 아닐 수 없습니다.

지난 사례에서 식품 납품업을 하던 사장님의 사례를 이어서 말해 보겠습니다.

이 사장님은 이미 첫 경찰 조사를 받은 이후, 저와 상담하고 나서야 뒤늦게 고소장을 확보해 보았습니다. 이미 고소장에는 횡령이라는 죄목으로 고소가 되어 있었습니다. 과거 동업 관계로 사업을 했던 동업

자로부터 고소당한 상태였고, 고소장 중 고소 사실의 사실관계를 살펴보니 허술한 점이 많았고 오해에서 비롯된 넘겨짚는 주장이 많았습니다. 나아가, 고소 사실 자체가 법리적으로 검토하여 볼 때 횡령죄가 성립될 것인지 다투어볼 만한 내용이 충분히 있었습니다.

그런데 이 분은 워낙 법률적인 경험이 적었고 많은 사람이 그러하듯이 경찰 조사를 받으면서 너무나 긴장하고 당황하셔서 해야 할 말도 제대로 못 하고 오히려 불리한 쪽으로 오해를 살만한 진술을 너무 많이 했습니다. 그래서 가장 중요한 첫 피의자 신문을 돌이킬 수 없을 정도로 불리하게 작성하고 왔던 상황이었습니다.

만약 이 분이 고소장을 미리 확보해서 죄목도 살펴보고, 고소인이 주장하는 입장과 실제 상황을 비교해보고 꼼꼼히 따져보고 법률상담도 받고 갔다면 상황은 훨씬 유리하게 진행이 되었을 테고, 고소인이 오해하고 있던 부분들을 충분히 해소할 수 있었을 겁니다.

아쉽게도 이 분은 고소장도 확보하지 못한 상태로 첫 피의자 신문을 너무 경황이 없이 받았기에 수사관의 심증이 완전히 유죄로 굳어진 상태에서 추가 조사를 받을 수밖에 없었고, 쉽게 갈 수도 있었던 길을 두려움 속에 어렵게 갈 수밖에 없었던 것이지요.

내가 무죄이고 억울하다고 해서 허술하게 준비해서는 아차 하는 순간 사건이 미궁으로 빠지게 됩니다. 나아가, 내가 잘못한 게 다소 있다고 하더라도 첫 대응을 잘못해 자칫 내가 책임져야 할 죄책보다 훨씬 더 무겁게 처벌되는 경우도 있습니다.

첫 대응을 잘못하여 이미 꼬일 대로 꼬여버린 상태에서 사건을 상

수술에 앞서 X-RAY를 촬영하듯이, 고소장을 확보한 후 꼼꼼히 따져보아야 나의 사건에 대한 진단이 나온다. 고소장을 확인하기 전에는 무조건 대응을 미루어라.

담받으면 변호사로서도 어떻게 손댈 수 없을 만큼 난감한 상황도 허다합니다. 그러한 스스로의 함정에 빠지지 않기 위해서는 처음부터 방향성을 잘 정하고 정한 방향에 맞게 돌다리도 두들겨보고 가는 심정으로 준비하고 수사와 재판절차를 주의 깊게 살펴보아야 하는 것입니다.

고소장 확보는 어떤 방법으로 할까

고소장을 확보하는 방법은 의외로 간단합니다. 크게 두 가지입니다.

첫 번째 방법은 온라인으로 '정보공개포털 홈페이지'에서 신청하는 방법입니다. 경찰서 민원실에 방문해서 직접 신청 접수하더라도 그 자리에서 바로 열람 복사할 수 있는 것이 아닙니다. 반면 정보공개포털에서 청구할 경우, 처리내용에 대하여 바로바로 조회할 수 있기 때문에 인터넷 사용이 가능하다면 정보공개포털 홈페이지에서 온라인으로 신청하는 방법을 우선적으로 권합니다.

그 구체적인 방법은 다음과 같습니다.

❶ 우선, 정보공개포털에 접속합니다.

> 정보공개포털 URL → www.open.go.kr

❷ [공개청구] – [청구신청]을 클릭, 또는 [자주 찾는 메뉴]에서 [청
구신청]을 클릭합니다.

아래 화면에 두 네모 중 하나를 클릭하면 됩니다.

사진=정보공개포털 캡쳐

❸ 로그인을 해 주세요.

회원가입을 해서 로그인을 하거나, 비회원 로그인 탭에서 청구신
청을 클릭한 후, 확인을 누르세요. 비회원일 경우에도 청구는 가능하
나, 다음 신청정보 입력 시 기입한 청구 비밀번호를 반드시 기억해두
어야 합니다.

사진=정보공개포털 캡쳐

❹ 청구신청 화면에 청구기관, 신청정보와 청구인 정보를 입력하세
요. 로그인을 하면, 청구기관, 신청정보, 청구인 정보를 입력하는
화면이 나오는데요. 청구기관은 '본인의 사건을 조사하고 있는
관할 경찰서'를 찾아서 선택하면 됩니다.

사진=정보공개포털 캡쳐

여기에서 주의할 점은 일반적으로 여러분에게 고소 사실 통지를 한
경찰서가 관할경찰서가 되나, 간혹 고소 사실을 통지받은 이후, 확인

과정에서 고소장을 접수받은 기관이 관할이 없는 등의 사유로 사건이 다른 경찰서 이송되는 경우가 있을 수 있습니다. 이러한 경우는 최초에 연락이 온 기관에 정보공개청구를 하더라도 기록이 없어 제한되니, 사건의 이송 절차가 마무리된 후 사건을 이송받은 수사기관에 정보공개 청구를 해야 시간적 공백이 발생하지 않을 수 있어 오히려 시간을 절약할 수 있습니다.

❺ 그다음 제목은 '고소장 정보공개 청구'로 작성하면 됩니다.

[청구내용]은 "피고소인의 혐의사실을 확인하여 자기방어권을 충분히 행사할 수 있도록 고소장의 혐의사실 부분을 공개하여 주시기 바랍니다"는 취지로 작성하면 됩니다.

[공개방법]과 [수령방법]은, 원하는 방법을 선택하면 되는데요. 전

경찰 수사서류 열람·복사에 관한 규칙 제6조 (부분공개 또는 비공개결정의 사유)

수사부서의 장은 제5조 제2항에도 불구하고 다음 각 호의 사유가 있을 경우에 제5조 제1항 제2호 또는 제3호의 결정을 할 수 있다. 이 경우 결정과 함께 그 사유를 명시하여야 한다.

1. 수사서류의 공개로 인하여 국가안전보장 등 국가의 중대한 이익을 현저히 해칠 우려가 있는 경우

2. 수사서류의 공개로 인하여 사건관계인 또는 참고인의 명예나 사생활의 비밀 또는 생명·신체의 안전이나 생활의 평온을 현저히 해칠 우려가 있는 경우

3. 수사서류의 공개로 인하여 사건관계인 또는 참고인의 개인정보를 침해할 우려가 있는 경우

4. 수사서류의 공개로 인하여 자기 또는 공범의 증거인멸이나 도주를 용이하게 할 우려가 있는 경우

5. 수사서류의 공개로 인하여 당해 사건 또는 관련 사건의 내사나 수사에 중대한 장애를 가져올 우려가 있는 경우

6. 수사서류의 공개로 인하여 수사방법상의 기밀이 누설되거나 불필요한 새로운 분쟁이 야기될 우려가 있는 경우

7. 그 밖에 신청대상 서류 중 일부만을 공개할 필요가 있거나 수사서류를 공개함이 적합하지 아니하다고 인정되는 현저한 사유가 있는 경우

자파일로 받는 경우는 [◉정보통신망]을 선택하고, 직접방문, 우편, 팩스전송을 원한다면 [◉사본 · 출력물]이나 [◉복제 · 인화물]을 선택하면 됩니다.

마지막으로, [청구인정보]란에 청구하는 사람의 이름, 주민등록번호, 주소, 휴대전화, 이메일 등의 정보를 입력한 후, 제출하면 됩니다.

이렇게 정보공개청구서를 작성한 후, 접수하게 되면 접수받은 날로

부터 10일(정보공개법에 의하면 최장 20일) 이내에 고소장의 내용을 공개할지 여부를 아래의 규정과 같은 기준으로 결정하게 됩니다. 즉, 고소장에 대하여 항상 공개하는 것이 아니며 부분공개 또는 비공개결정의 사유가 있다면 부분공개 또는 비공개될 수도 있다는 것을 유념하기 바랍니다.

이후, 수사기관에서 결정을 하게 되고 공개 내지 부분공개 결정이 나오게 됩니다. 그리고 나서 소정의 수수료를 납부하고 고소장의 내용을 확인할 수 있습니다.

두 번째 고소장 열람 방법은 사건 관할 경찰서 민원실에 직접 방문해서 정보공개청구서를 신청하는 방법입니다. 컴퓨터를 다루는 것에 익숙하지 않거나 뭐든지 직접 몸으로 뛰어야 직성이 풀리는 분들이 있죠? 그런 사람들을 위해 경찰서 민원실에서도 정보공개 청구서를 접수받고 있는데요. 사건 관할 경찰서 민원실에 직접 방문해서 위와 같은 내용의 정보공개 청구서를 작성해서 제출하면 됩니다.

온라인 신청과 마찬가지로 직접 작성하여 제출하는 정보공개 청구서에는 청구인, 청구 내용, 공개 방법, 수령 방법 등을 기재해서 제출하게 되어 있는데요. 역시 동일하게 청구 내용란에 "고소장 정보공개 청구"라는 제목으로 "피고소인의 혐의사실을 확인하여 자기방어권을 충분히 행사할 수 있도록 고소장의 혐의사실 부분을 공개하여 주시기 바랍니다"라는 취지로 작성하면 됩니다.

이렇게 접수를 하게 되면 바로 열람할 수 있는 것이 아니고, 접수받은 날로부터 10일 이내(정보공개법에 의하면 최장 20일)에 고소장의 내용

을 공개할지 여부를 위에서 설명한 기준으로 결정하게 되고, 공개 내
지 부분공개 결정이 나오는 경우에 고소장의 해당 부분의 내용을 확
인할 수 있습니다.

위의 방법을 따라 했고 별 탈이 없었다면 정해진 기간 후 여러분은
무사히 여러분을 고소한 바로 그 고소장을 받아볼 수 있을 것입니다.
고소장을 통해서 상대의 목적과 입장, 앞으로 수사 방향도 대략적
으로 추측해볼 수 있기 때문에 활용도는 상당히 큽니다. 특히, 변호사
상담을 하기 전에 우선적으로 고소장을 확보하고 한번 살펴보고 방문
하면 좀 더 정확한 상담이 될 수 있겠죠. 저 역시도 상담오는 사람들
에게 고소장을 먼저 확보하고 들고 오는 것이 상담 비용과 시간을 아
끼는 것이라고 말할 정도로 고소장 확보는 강력 추천합니다. 더구나
정보공개청구를 하는 데는 큰 비용도 들지 않으니 활용하지 않을 이
유가 없습니다.

당연히 세부적인 방향에 맞춰서 입증자료나 어떤 법리 구성을 할
것인지는 사실상 변호사 등 법률전문가의 조력이 필요한 부분일 수
있습니다만, 여러분은 우선적으로 고소장을 확보하는 것만으로도 막

연한 두려움을 상당히 해소할 수 있고, 상대편의 입장을 이해하고 대응해나갈 첫 대응 방향을 정할 수가 있습니다.

CHAPTER

3

변론 방향성을 정하라

고소장 내용을 보고
내 입장과 변론의 방향성 정하기

이렇게 고소장을 받았다면, 고소장의 범죄사실 부분에서 본인에 대한 혐의를 확인할 수 있습니다. 물론 수사의 비공개성으로 인해 현출된 증거자료를 확인하는 것은 제한될 가능성이 높지만, 확인한 자신의 혐의사실을 중심으로 꼼꼼히 따져봐야 합니다.

피고소인이 고민해야 할 경우의 수는 너무나 많습니다만, 기본적인 변론의 방향성은 정해두어야 합니다.

큰 변론의 방향성은 셋으로 나뉩니다.

첫째, 나의 무죄를 주장하고 밝혀낼 것인가. (부인)

둘째, 일부 잘못은 인정하고, 일부 잘못은 부인할 것인가. (일부 부인)

셋째, 모든 죄책을 인정하고, 최대한 선처를 구하여 처벌을 덜 받을 것인가. (인정)

이렇게 크게 세 가지 중에서 큰 방향을 잡고 각각의 방향성에 맞는 대처를 합니다. 앞으로 있을 수사절차에 맞추어 집중해야 할 포인트를 확인하고 대응해나가야 합니다.

하지만, 여기에서는 전제가 있습니다. 변론의 방향을 잡는 것은 본인의 선택이지만, 그 선택에 앞서 반드시 생각해보아야 할 몇 가지가 있습니다.

'실제 있었던 사실들을 토대로 판단하되, 나의 입장만이 아니라 객관성이 있어야 합니다.'

나는 내가 무죄라고 생각하더라도 남들이 보기에는 어떨까? 경찰 수사관이 보기에는 어떨까? 검사가 보기에는 어떨까? 나중에 재판부가 보기에는 어떨까? 다시 한번 더 사실관계를 따져보고, 제3자의 관점에서도 고민도 해봐야 하는 것입니다.

물론 나에게 실제 있었던 일들, 이른바 팩트를 토대로 판단하여야 하는 것입니다.

간혹, 상담하는 사람들 중 자신이 하는 말이 사실이라 주장하며, 고소 사실에 대해 억울함을 표하면서 변호사가 듣기에도 도저히 납득할 수 없는 주장을 하는 사람들이 있습니다. 그렇다면, 수사절차 및 추후, 형사 재판절차에 가더라도 그러한 주장은 인정되지 않을 가능성이 높겠지요. 설사, 그것이 사실이라 하더라도 그것이 사실인 이유를 뒷받침할 만한 합리적인 주장과 적법한 증거를 통해 대응해야 하는 것입니다.

즉, 자신의 억울함을 호소하는 것에만 너무 집중한 나머지 합리적

다음 중에서 대응 전략을 고르자.
첫째, 나의 무죄를 주장하는 '부인'. 둘째, 일부 잘못만 인정하는 '일부 부인'.
셋째, 죄를 모두 인정하고 선처를 구해 처벌을 줄이기 위한 '인정'.

이지 않고, 믿을 수 없는 진술을 반복하는 경우가 되면 안됩니다. 설사나 자신은 그러한 진술이 사실인 것처럼 느끼더라도 다른 이들은 그렇지 않을 수 있습니다. 판단의 기준이 좁게는 수사와 판단을 하는 사람들, 넓게는 사회통념에 맞춰 합리적인 판단을 하는 일반인에 맞춰져야 합니다. 물론 나는 이 사건의 당사자이니 나뿐만 아니라 변호사 등 합리적, 법적 판단이 가능한 제3자가 그 판단을 하는 것이 보다 객관성을 확보할 수 있을 것입니다.

따라서, 가능하다면 변호사와 상담도 해보면서 수사기관의 관점에서도 고민도 해보고 철저히 사실관계를 실체적 진실에 가깝게 분석하는 것이 형사 절차에 임하는 피의자의 올바른 태도입니다.

진술의 일관성을 유지하라

형사 절차에서 진술의 일관성은 매우 매우 중요합니다. 뉴스나 신문에서 일관된 진술을 언급하는 것은 우연이 아닙니다. 사람은 누구나 상황이 변할 때마다 자신의 기억을 스스로 왜곡시킬 때도 있고 자신이 한 말도 기억하지 못할 때도 있습니다. 이렇게 진술의 일관성이 깨지는 순간 수사기관은 여러분을 더욱 의심할 것이고 검사는 여러분을 믿어주지 않을 것이고, 판사는 여러분에게 더 높은 처벌을 선고할 것입니다. 그런 수렁에 빠지지 않기 위해서는 일관된 진술을 할 수 있도록 처음부터 당시 있었던 사실관계를 다시 한번 정리하며, 철저히 준비해서 흔들리지 않는 진실을 진술할 수 있도록 기준점을 만들어 두어야 하는 것입니다.

진실을 가공하지 마라

변론의 방향을 정하는 것은 본인의 선택입니다. 그 이유는 사건의 진실을 가장 잘 알고 있는 사람은 바로 본인이기 때문입니다.

즉, 실제 자신이 경험한 사실을 솔직하게 기억나는 대로 정리해주면, 변호사가 해당 사실을 기초로 판단합니다. 고소장을 통해 확인된 고소 사실과 관련 법리를 종합적으로 판단하여 죄가 인정될 수 있는지 여부를 판단합니다. 그러면 이제 종합적인 판단하에 사건의 방향성이 결정될 것입니다.

여기서 당부하고 싶은 것은 실체적 진실은 말 그대로 당시 본인이 실제로 경험한 사실이기 때문에, 진술할 때 사실을 지나치게 가공하려 들거나, 사소한 거짓말을 하게 되면 오히려 전체적인 사건의 방향성에 혼선이 생겨 역효과가 날 수도 있습니다.

쉽게 말하자면 사건의 방향은 실체적 진실을 토대로 여러 가지 법리와 증거들을 토대로 판단하여야 하지, 쉽게 탄로가 날 거짓말을 토대로 판단해서는 안 된다는 뜻입니다.

실제로 형사 절차를 수없이 지켜본 변호사로서, 첫 상담 시부터 어떻게 사실을 가공할지를 묻는 사람도 있지만, 그럴 때일수록 저희는 단도직입적으로 말합니다. 저희는 실제 있었던 진실을 토대로 합리적인 방향성을 정하여 그에 맞는 적극적인 조력과 대응을 함께 하는 역할을 하는 것이지, 거짓말을 사실로 믿도록 하는 사람들이 아닙니다.

실제 음주운전 적발 피의자와의 상담 사례를 예를 들어 보겠습니다.

사례

음주운전으로 적발된 사람과 상담 중 이 사람이 이렇게 물었습니다.

"변호사님, 이렇게 말하면 어떨까요? 대리운전을 불렀는데, 대리운전기사가 갑자기 화를 내면서 차를 두고 가버렸다고요."

하지만, 실제로 이 사람은 음주를 한 후 시동을 켠 채 갓길에서 잠에 들어 한참 정차했다가 그것을 이상하게 여긴 사람이 경찰에 신고하여 음주운전 적발이 된 상황이었습니다. 이 사람 생각으로는 술에 취한 채로 정차해있다가 발견되었고, 그것이 갓길이었기 때문에 대리운전기사 탓을 해서 처벌을 모면해보자는 생각이었던 것 같습니다.

이에 대하여 저희는 이 사람에게 다시 물었습니다.

"실제로 대리기사를 부른 통화기록이나 결제내역이 있으신가요?"

"그건 없는데요, 식당에서 불러준 대리기사였다고 말하면 될까요?"

"대리기사를 불러준 식당은 어디인가요. 그리고, 대리기사가 대리운전을 하고 돈도 안 받아갔다는 건가요?"

"현금으로 줬다고 말하면 될까요?"

"..."

대리기사를 부른 기록도 없다, 카드 결제한 기록도 없다, 대리기사를 본 증인도 없다, 블랙박스는 또 때마침 저장이 안 되었다고 하자고 합니다.

거짓말이 다음 거짓말을 만들고 꼬리에 꼬리를 무는 거짓말이 이어집니다. 담당 수사관이 몇 군데에 전화하여 사실만 확인하면 금방 탄로 날 거짓말을 해보는 건 어떻겠냐고 묻는 것이죠.

저는 정말 따끔하게 한마디 할 수밖에 없었습니다.

"그 말을 변호사도 안 믿는데 어느 누가 믿어줄까요?"

수사에서 실체적 진실을 밝히는 것이 쉽지 않은 경우가 있습니다. 그러나 거짓말을 해도 된다는 것은 전혀 아닙니다. 어설픈 거짓말을 해서 수사기관의 눈을 속이고 무죄를 주장해보겠다는 속셈은 노련한 수사관의 귀에도 들리고 눈에도 보이며, 심지어는 여러분의 편인 변호사의 눈에도 보입니다.

수사관이나 검사나, 또 나중에 판사나 이런 종류의 사건을 수도 없이 담당했던 사람들은, 이와 비슷한 거짓말을 수십, 수백 번 들어 본 사람들입니다. 여러분이 생각할 수 있는 범주의 거짓말들은 이미 다 겪고 수사해서 유죄를 밝혀낸 경험이 있다고 생각하면 됩니다. 이런 형태의 어설픈 거짓말은 몇 가지 질문과 몇 가지 간단한 수사만으로 금방 허위임이 드러나게 됩니다. 당장 눈앞의 조사에서 수사관을 속여보겠다는 거짓말은 잘못된 방향성입니다. 또한 형사 재판까지 이어지는 형사 전체를 보았을 때 좋은 전략도 아닙니다.

실제로, 형사 판결에서 피고인이 수사 과정에서 쉽게 탄로 날 거짓말을 하였는지도 양형의 고려사항이 되기도 합니다. 사실을 지나치게 가공하여 쉽게 탄로 날 거짓말을 하는 것은 그저 당장 이렇게 하면 피해 갈 수도 있겠다는 심리적인 위안을 얻는 방편밖에 되지 않습니다.

가끔 뉴스에 나올만한 사기꾼들을 보기도 합니다. 이 사람들은 타고난 거짓말쟁이로 이어지고 이어지는 거짓말 사이에도 모순이 없도록 매끄럽게 말하는 재주를 타고났습니다. 대부분 여러분은 그런 거짓말을 할 수 있는 사람이 아닙니다. 수사는 영화나 드라마가 아닙니다. 현실적으로 이어지는 수사 과정에 대한 이해도 없이 어설프게 거짓말을 해서 무죄를 받아보겠다는 생각은 선택할 수 있는 방향 중에서도 최악 중의 최악의 전략입니다. 그 끝에는 유죄의 판결문에 '끝까지 뉘우치지 않고 범행을 부인하고 있다'는 판사의 질책성 판시까지 덤으로 받아 들게 될 것입니다.

변호사를 속여봐야 소용없다

때론 상담 단계에서 변호사를 속여보려고 하는 경우도 있습니다. 상담하는 변호사로서는 상담자가 사실 그대로의 실체적 진실을 말해줄수록 사건에서 발생할 수 있는 경우의 수와 변수들을 알려주고, 적합한 방향성과 해결책을 제공해 줄 수 있습니다. 그런데 의도적으로 진실을 말하지 않고 자꾸 거짓말을 하면 상담 시간도 허비될 뿐만 아니라 변호사도 기운 빠지는 일입니다. 한참 상담하다가 뭔가 이상함을 깨닫고 "혹시 거짓말을 하고 계신가요? 진실을 말해주세요"라고 물어보면 갑자기 자기가 생각하는 방향과 맞지 않는다고 오히려 화를 내는 사람도 있습니다. 그럴 땐 저는 반대로 묻습니다.

"말씀해주신 분을 믿고 도움을 주려는 변호사도 속이지 못하는 그 거짓말을 어떤 수사관이 믿어줄까요?"

형사 사건에서 변론의 방향은 실체적 진실을 파악하는 것에서부터 시작해야 합니다. 누구나 자신의 입장에서 말하고, 자신에게 유리한 방향으로 기억합니다. 확증편향이라고도 합니다. 자신의 입장에 부합하는 정보에만 집중하고 그 외의 정보에는 무관심하거나 무시하는 심리적인 경향을 말하죠. 형사 사건에서는 이런 확증편향을 경계해야 하고 최대한 객관화가 이루어져야 합니다. 변호사를 선임하는 이유 중의 하나도 객관성을 유지하는 제3자가 변론을 하는 것이 확증편향에 빠지지 않는 방법이기 때문이기도 합니다.

변호사는 의뢰인의 입장만이 아니라 수사기관이 어떻게 볼 것인가, 검사는 어떻게 볼 것인가, 최종적으로 판사는 어떻게 볼 것인가를 고려하여 사건 대응의 방향성을 정합니다. 단순히 의뢰인의 입맛에 맞게만 변론하려 들어 마치 뻐꾸기 같은 역할을 하거나, 뻔히 의뢰인이

KEY POINT | 실전! 생존법

입을 맞추어 거짓말을 하려 하지 말자. 수사관은 속지 않는다. 노련한 수사관들에게는 쉽게 눈에 보이고, 귀에 들리며, 심지어 변호사의 눈에도 빤히 보인다.

거짓말을 하는 것을 알면서도 그대로 사건을 진행하는 것은 변호사의 기본적인 역할에 맞지 않을뿐더러 실제로도 좋은 결과를 도출할 가능성은 극히 적습니다. 변호사는 의뢰인이 변호사를 속인다 판단하면 애초에 그 사건을 수임하지 않습니다.

없는 죄를 인정하지 마라

식품 납품업자 사장님의 이야기로 돌아가 보겠습니다.

이 사람은 첫 번째 조사에서 고소장을 보지 못한 상태에서 횡령이라는 죄목으로 고소를 당했다는 것을 경찰에게 처음 듣게 되었습니다. 그러면서 수사관이 동업 관계에서 발생한 매출을 사업자 계좌로 입금하지 않고 자신의 계좌로 입금받았는지 묻는 질문에 그렇다고 말했습니다. 또 자신의 계좌로 받은 돈을 임의로 사용했냐는 질문에 그렇다고 말했죠. 죄를 인정한 것과 마찬가지였습니다. 그런데 사실은 말하지 못한 전제 사실이 있었습니다

횡령죄에는 '불법영득의사'라는 구성요건이 있습니다. 타인의 돈을 보관하다가 내가 취득하거나 타인에게 권한 없이 처분하는 것으로, 쉽게 말해 그 처분이 소유자에 대하여 불법적이라는 것을 알면서도 했다는 것입니다.

동업 관계에서 사업상 매출은 자신만의 돈은 아니고 동업상 공유이므로 자신이 보관하고 있더라도 함부로 소비하거나 타인에게 처분해서는 안 됩니다. '반은 내 돈이니 내 마음대로 쓴다'가 아니라 '반도 동업 관계의 돈이니 마음대로 못 쓴다'는 거죠. 동업에서 흔히 하

는 실수이고 동업 관계에서 분쟁이 발생하는 전형적인 원인이기도 합니다.

그런데 고소인과 이 사람 사이에는 특별한 약정이 있었습니다. 발생한 매출을 매달 '정산'하는 방식으로 수익을 분배하기로 했던 것입니다. '정산'을 하기로 하는 약정과 횡령과는 논리적으로 모순이 됩니다. 정산의 약정이 있었다면 사업상 매출을 일시적으로 임의로 사용하거나 타에 처분하였더라도 향후 정산만 되었다면 법적으로 아무 문제가 없는 것이니까요. 설령 정산에 이견이 있더라도 이것은 민사적으로 해결할 문제이지 형사 처벌받을 사건은 아니게 됩니다.

이 사람은 이런 중요한 전제 사실이 있었는데도 준비 없이 경찰 조사에 출석하느라 아무런 말도 못 하고 검찰로 송치될 위기에 이르러서야 변호사를 찾아왔던 것입니다. 변호사와 법률상담 과정에서 금전거래 내역서에 고소인의 필체로 동그라미가 쳐져 있고 '정산'이라고 기재되어 있는 것을 보고 이게 어떤 의미인지 묻고 답하며 이 중요한 내용이 수사 과정에서 항변조차 되지 않았던 것을 확인하였습니다. 변호인 의견서와 대질조사를 통해 실제 정산약정이 있었음을 확인하여 천만다행으로 무사히 혐의없음 불송치 결정을 받을 수 있었습니다.

드디어 식품 납품업자 사장님의 잘못이 없음을 확인받은 것입니다. 첫 단추를 잘못 끼웠고 조사에서 큰 실수를 했지만, 사실은 항변할 만한 중요한 사실들이 있었습니다. 다시 한번 말하지만, 실체적 진실을 제대로 파악해야 합니다. 여러분이 설령 책임이 있다고 생각하는 사건에서도 사실은 따져 볼 만한 부분이 있을 수 있습니다.

이것이 상황을 좀 더 정확히 확인해보기 전에 섣불리 입장을 밝히거나, 범죄를 자백해서는 안 되는 이유이기도 합니다.

유리한 사실, 불리한 사실, 유불리가 불명확한 사실을 구분하라

사건 초기 단계에서는 아직 사건이 안개 속이라 실체적인 진실과 증거자료를 꼼꼼히 따져보았더라도 수사가 진행되면서 내가 몰랐던 내용들이 도출되거나 새로운 증거자료들이 튀어나오는 경우도 있습니다.

따라서 더욱 가능한 객관적인 진실을 파악하고 이에 기반한 진술을 준비해 어떤 변수들이 튀어나오더라도 실체적 진실을 토대로 일관된 진술을 유지하고, 나의 진술을 증명할 증거들을 적극적으로 제출하는 것이 중요한 것입니다.

다만, 이러한 과정에서, 내가 제출하려 하는 증거자료나 내가 진술하려 하는 사실관계들이 이 사건에서 유리한 것인지, 불리한 것인지, 아니면 유불리를 구분하기 어려운 것인지 검토하는 과정이 필요합니다. 이러한 검토도 없이 무작정 제출한 증거자료나 중구난방으로 내뱉는 진술이 수사기관뿐만 아니라 법정에서도 불리한 증거가 되어 여러분의 발목을 잡을 수 있기 때문입니다.

실제로 고소장에 기재된 범죄사실이 있다면, 그러한 범죄사실과 관련된 수많은 사실이 있을 수 있고, 그 수많은 사실 중에 일부는 고소인에게 유리하고, 나머지는 피고소인에게 유리한 것일 수 있는 것입니다.

그럼에도 불구하고, 조사 과정에서 유불리에 대한 검토도 없이 수사관이 굳이 묻지도 않은, 자신에게 불리한 내용을 진술하다가 해당 진술이 결정적인 증거가 되는 경우도 있습니다. 나의 억울함을 진술하려면, 억울함을 입증할만한 진술 내지 증거들을 정리하여 제출하는 것에 집중하여야 하지, 나에게 불리한 내용들을 강조하여 진술하면 오히려 발목을 잡을 수도 있는 것입니다.

수사는 함정이 아니지만, 여러분의 진술이 스스로 함정이 될 수 있습니다. 진술이 그때마다 바뀌거나 모순되게 되면 진술의 신빙성은 무너집니다. 진술의 신빙성을 유지하는 것이 쉬워 보일 수 있지만 말처럼 쉬운 것이 아닙니다. 수사 개시부터 형사 재판의 끝까지 일관성을 유지할 수 있는 방향을 잡고 신빙성을 유지할 수 있는 언행을 유지할 수 있는 변론의 방향을 잡는 것이 필요한 이유입니다.

변론의 방향이 수사 초기부터 잘 잡혀있어야 예측하지 못한 입증자료나 변수가 생기더라도 대응할 수 있습니다.

KEY POINT **실전! 생존법**

준비 없이 경찰 조사에 출석해서 유리한 사실, 불리한 사실을 구별 못한 채 말하다 보면 없는 죄를 인정하는 꼴이 된다. 고소장의 죄목을 확인해서 사실관계의 유불리를 정리하자.

증거를 준비하라

사건의 방향성이 정해지면 실제 있었던 실체적 진실을 증명할 수 있는 자료가 무엇이 있는지 검토하고, 준비해야 합니다. 실제로 나의 주장을 증명할 수 있는 자료들이 무엇일지 검토하는 과정을 상당히 폭넓고, 적극적으로 준비하여야 합니다.

증거는 크게 물적증거와 인적증거로 나뉘는데, 우선, 물적증거와 관련하여 가장 먼저 살펴보아야 할 것은 바로 자신의 스마트폰입니다. 최근에는 인구 대부분이 스마트폰을 사용하는 만큼 스마트폰 안에 있는 자료 중 나의 주장을 뒷받침할만한 자료들이 있는지 살펴보아야 합니다. 대표적으로 문자메시지 대화 내역, 메신저의 대화 내역, 녹취파일, 메신저상 오고 간 파일들을 꼼꼼히 살펴보아야 하고, 나의 주장을 증명할 수 있는 자료들을 발견하였다면 우선, 증거의 분실을 방지하기 위하여 대화 내용과 같이 캡쳐할 수 있는 자료들은 캡쳐하여 사진 파일들로 보관하고, 파일들을 정리하여 별개의 저장매체에

물적증거

인적증거

복사하여 추가 보관하여야 합니다. 또한, 추후 증거능력이 쟁점이 될 수 있으니 해당 스마트폰을 파기하여서는 안 됩니다.

그리고, 인적증거도 주요 요소가 될 수 있습니다. 즉, 나의 주장을 증명해 줄 수 있는 사람이 있다면 미리 사실확인서 등을 받아두는 것이 좋습니다. 만일, 사실확인서의 제출이 제한된다면 적극적으로 수사 기관에 해당 인물에게 사실관계를 확인하여 줄 것을 요청하는 방안도 하나의 방법이 될 수 있습니다. 만일, 수사 과정에서 해당 인물의 진술을 확보하기 제한된다면, 형사 공판 절차에서 해당 인물을 증인신청할 수밖에 없을 것입니다.

이렇게, 실체적 진실을 정리하고, 사건의 방향성과 함께 자신의 주장을 정하였다면, 이를 증명할 수 있는 증거를 확보하는 데 모든 노력을 기울여야 할 것입니다.

다만, 여기서 유의할 점은 적법한 수단을 통해 증거를 확보하여야 한다는 것입니다. 형사 법리의 원칙상 위법하게 수집된 증거는 증거로 사용될 수 없음은 물론이거니와 증거를 수집하는 방법이 실체법을 위반할 경우, 형사처벌을 받을 수 있기 때문입니다. 혹을 떼려다 오히려 혹을 더 붙이는 상황을 초래할 수 있는 것입니다.

대표적으로, 진술 증거를 확보하려 타인 간의 대화를 도청하거나, 타인의 핸드폰에 위치 추적 앱 등을 설치하는 사례가 있는데 타인 간의 대화를 도청할 경우, 통신비밀보호법 위반으로, 타인의 핸드폰에 위치추적프로그램을 설치하는 경우, 위치정보보호법 위반으로 처벌받게 됩니다. 즉, 자신의 주장을 증명할 증거들을 확보하려 노력하되,

나의 영역에 있는 증거를 적법하게 확보하고, 나의 영역에 있지 않은 증거는 수사기관을 통해 확인할 수 있도록 적극적으로 요청하여 위법하지 않게 증거가 확보될 수 있도록 하여야 할 것입니다.

수사 초반 대응이 핵심이다

여러분은 이제 고소를 당하였다는 사실을 알게 되었을 때의 대응 방법과 그 이후의 고소 사실에 대하여 대응 전략을 정하는 법을 알게 되었습니다. 그러면 이 시점에서 약간의 시간적인 여유를 확보하고 한숨 돌리면서 형사 절차를 전반적으로 살펴보는 시간을 갖도록 하겠습니다. 여기에서 추가로 여러분이 알고 있으면 좋은 형사 절차와 팁에 대해서 설명합니다.

가끔 유리한 증거를 제출했는데 잘 살펴보지 않는 것 같다거나, 심지어는 제출 타이밍을 놓쳐서 제출을 못 했다는 말을 듣기도 합니다. 또 법리적으로나 사실관계에 관하여나 중요한 항변을 해야 했는데 하지 못하고 형사 재판까지 끌려가는 경우도 많이 보곤 하죠. 이번 장에서는 형사 절차를 시작부터 끝까지 리뷰하면서 유리한 증거를 유효한 타이밍에 제출해야 하는 상황을 이야기하도록 하겠습니다. 형사 절차의 흐름을 이해하고 어떤 때 어떤 수사가 기다리고 있는지를 알게 되시면 이어질 수사를 대비하고, 유리한 증거를 적절한 타이밍에 제출해야 하는지 알 수 있을 것입니다.

수사는 송치/불송치 결정으로 끝난다

수사는 적당히 진행되는 것이 아닙니다. 끝이 있고 목적이 있는 절차입니다.

대한민국 법령에서는 수사가 개시된 후 각각의 단계에서 일정한 처분을 하도록 정하고 있습니다. 여러분은 어렵게 생각할 것 없이 '수사의 처분'이라는 말만 잘 기억해두면 됩니다.

수사가 시작되었다면 경찰 및 검찰 수사의 단계마다의 각 처분이 나에게 중요하다는 것을 염두에 두세요. 그리고 일단 수사가 개시되면 그 결과와 이유를 남기게 되어 있습니다. 경찰 수사단계가 마무리되는 단계에서는 경찰이 송치 또는 불송치 결정을 할 것입니다. 송치 결정으로 검찰 수사 단계로 가면 기소 또는 불기소의 처분으로 수사는 종결됩니다.

과거에는 경찰은 반드시 검찰에 송치하면서 그에 대한 기소나 불기소 의견만을 제시할 수 있었습니다. 그러나 2021년 검경 수사권 조정으로 경찰도 수사 진행 이후에 피의자에게 혐의가 없거나 죄가 없다고 판단되면 불송치 결정을 할 수 있게 되었습니다. 물론 이에 대한 이의신청 절차를 규정하여 다툴 수 있고, 이의신청을 하게 되면 바로 검찰로 송치할 수 있게 하였지만요. 2021년도 검경 수사권 조정 이후, 대부분의 수사는 경찰에서 하도록 조정이 되었고, 검찰은 특수한 몇 종류의 수사를 제외하고는 수사를 개시하지 않습니다.

요컨대, 여전히 공소제기 및 유지라는 중요한 권한을 검찰에서 갖고 있지만, 일반인의 체감은 경찰의 수사 권한이 강화된 것이 다가올 것입니다.

가장 중요하게 바뀐 절차 중 하나가 위에서 말한 바와 같이, 경찰이 수사를 진행한 이후 피의자에 혐의가 없거나 죄가 인정되지 않거나 하는 등의 사유로 판단된다면 불송치의 결정을 할 수 있다는 것입니다.

즉, 피의자의 입장에서 경찰 수사는 위와 같이 송치를 할 것인지 불송치를 할 것인지 결정에 대한 판단 자료를 모으기 위한 과정이라고 생각하면 되고, 불송치로 수사를 종결시키기 위하여 최대한의 일관되고 합리적인 진술 및 그것을 증명할만한 증거자료를 제출하기 위하여 경찰 수사절차에 응한다고 이해하면 좋겠습니다.

범죄에 따라서 전형적으로 이루어지는 피해자 진술, 참고인 진술, 피의자 신문, 대질신문이라든지, 디지털 포렌식 조사, 폴리그래프 조사(거짓말탐지기 조사)와 같은 과학수사, 또는 압수수색영장과 같은 강제 수사 절차들이 있고, 해당 수사에서 수집된 증거들이 당신을 유죄로 판단하게 할 것인지, 무죄로 판단하게 할 것인지에 따라 결정은 달라질 것입니다.

수사는 무작정 여러분을 억울하게 하거나 여러분을 괴롭히기 위한 것이 아닙니다. 여러분은 이런 수사의 처음과 끝, 그리고 그 사이에 있을 수사 방법들에 대해서 생각해보면서 어떤 수사 방법에 대해서는 적극적으로 요청하여 여러분의 억울함을 해소할 것인지 생각해보기 바랍니다.

수사 초반의 대응을 놓치더라도
나의 억울함이 법정에서 밝혀질까

형사 절차에서 가장 중요한 순간이 언제일까요? 많은 사람들이 법정 영화나 드라마를 봤던 기억으로 '아, 법정에서 일발 역전하면 되겠구나!' 이렇게 생각하는 경우가 많습니다.

네, 재판은 당연히 중요합니다. 실제로 재판 과정에서 억울함을 밝혀내는 경우도 있습니다. 그러나 경찰이나 검찰 수사 단계가 덜 중요하다고 생각하고 있다면 잘못 생각하고 있는 것입니다. 제가 사법연감 통계를 살펴보니, 2023년에 발간된 사법연감에 따르면, 1심 형사 공판의 무죄율은 인원 기준 3.4%라고 합니다. 즉, 100명 중 겨우 3~4명 만이 무죄판결을 선고받았다는 것입니다.

그렇다면 경찰, 검찰 수사 단계에서 불송치, 불기소 비율은 대략 어떻게 될까요? 대검찰청이 발간한 2023 범죄분석 자료 중 처분 결과 부분을 살펴보면, 경찰 단계에서 불송치 비율은 약 24% 가량(혐의없음 17.3%, 죄가 안 됨 0.3%, 공소권 없음 6.4%) 되고, 수사 중지는 7% 가량(피의자 중지 6.5%, 참고인 중지 0.5%) 됩니다. 그리고, 검찰 단계에서의 불기소 비율은 약 21.1% 가량(기소유예, 14.9%, 혐의없음 2.5%, 죄가 안 됨 0.0%, 공소권 없음 3.6%) 됩니다.

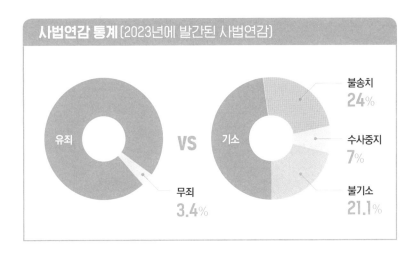

사법연감 통계 (2023년에 발간된 사법연감)

유죄 VS 기소

무죄
3.4%

불송치
24%

수사중지
7%

불기소
21.1%

이러한 계산에 따르면 대략 계산해도 전체 사건에서 기소되지 않은 확률은 50%를 육박한다 할 수 있습니다. 그렇다면 여러분이 수사단계에서 2명 중 1명에 들어갈 확률이 높을까요? 아니면 공판 단계까지 가서 100명 중 3명 안에 들어갈 확률이 높을까요.

즉, 위와 같은 통계를 살펴볼 때, 공판단계보다는 수사 단계에서 비교적 높은 확률로 처벌받지 않고, 불송치 내지 불기소 처분을 받을 가능성이 훨씬 높은 사실을 알 수 있을 것입니다.

여러분이 억울하다면 수사 초기 단계부터 철저히 준비하고, 대응하여 불송치, 불기소 처분을 받는 것이 최선입니다. 만약 본인이 잘못한 것이 있더라도 수사 초기부터 대응을 잘해서 최대한 낮은 형량을 받거나, 기소유예 처분 등의 불기소 처분을 받기 위해서 노력해야 합니다. 그러면 여기에서 이야기하는 수사 초기는 언제를 의미할까요? 저희가 경험한 바에 따르면 본인이 피의자 내지 피고소인으로 입건되었다는 사실을 알게 된 그 순간부터 빨리 법률상담을 받고 준비를 하는 것이 가장 좋고, 아무리 늦어도 수사기관으로부터 첫 조사를 받기 전에는 대응을 준비하여야 합니다.

수사기관에서 처음 받는 조사에서 쟁점에 따라 자신의 입장을 사실대로 정확히 진술하고, 그에 따른 증거자료를 준비하여 제출하게 되면 어려운 사건도 의외로 굉장히 잘 풀리는 경우가 많습니다. 첫 단추를 잘 끼워야 한다는 말이 형사 절차에서도 들어맞는 것이지요.

그러나, 여러분 중 '뭐, 별일 없겠지'라는 생각으로, 혹은 '뭐, 대충 둘러대면 다 들어주겠지'라는 생각으로 첫 조사의 중요성을 간과하다가 막상 조사받은 후에야 깜짝 놀라서 그제야 법률상담을 받으러 오는 사람들이 많습니다.

그냥 말만 하고 오면 되는 건데 중요할 게 없다고 쉽게 생각하고, 대충 둘러대면 되겠지라는 안일한 생각으로 아무런 준비 없이 가는 경우가 너무 많죠. 그러다 경찰에서 검찰로 송치됐다는 통지를 받고, 또 검찰에서 법원으로 기소됐다는 통지를 받고, 공소장을 송달받고서야 '아, 뭔가 잘못됐다'고 생각해서 부랴부랴 변호사를 알아보는 경우가 허다하죠.

KEY POINT 실전! 생존법

일단 재판까지 가면 무죄 판결은 3~4%밖에 되지 않는다. 경찰 수사에서 불송치를 받거나 불기소를 받도록 노력하자. 그러기 위해서는 첫 조사 이전에 대응을 준비하자.

심지어는 형사 공판 때 아무런 준비 없이 갔다가 검찰이 징역형을 구형하는 것에 놀라서 법률상담을 받으러 오는 사람들도 있습니다.

형사 절차는 수사 초기부터 열심히 준비하여 대응해야 원하는 성과를 낼 가능성이 높다는 점을 꼭 기억하기 바랍니다.

첫 담당 수사관이 중요하다

여러분이 생각하기에 본인이 고소를 당하여 형사 사건을 대응하여야 할 때 가장 중요한 사람은 누구일까요? 저희는 여러분이 고소를 당하여 형사 사건이 진행된다면 가장 중요한 사람은 바로 여러분의 사건을 담당할 첫 담당 수사관이 가장 중요하다고 생각합니다.

첫 수사를 담당하는 수사관의 수사 방향에 따라서 전체 사건의 흐름이 어떻게 흘러갈지가 결정되고, 여러분이 대응을 잘못하여 담당 수사관이 여러분이 하는 진술이 거짓이라 의심하고, 여러분이 변명으로 일관한다 생각한다면 그런 의심이 피의자 신문조서에도 남고 수사 절차는 물론 형사 절차 전체에 영향이 생길 수 있습니다. 만약, 피의자 조사를 받으면서 수사관에게 좋지 않은 의심이 생기거나 마치 수사를 회피하려는 듯한 모습을 풍긴다면 그때 빨리 파악하고 바로잡는 노력을 하여야 합니다.

물론 검찰 단계 내지 형사 공판에서 자신의 입장을 바로 잡는 것이 불가능한 것은 아니지만, 그러기 위해서는 정말 많은 노력이 필요하고, 수사단계에서는 그러한 입장을 왜 내세우지 못했는지에 대해서 설명하여야 하겠지요. 그러니 애초에 수사 초기 단계에서부터 단추를 잘 끼우는 것이 매우 매우 중요합니다. 더구나 검경 수사권 조정으로 인하여 사법경찰관이 수사를 진행한 이후, 수사를 종결할 수 있는 권한까지 생긴 상황에서 앞으로는 더욱더 수사 초기에 집중해야 하는 것입니다.

정리하면 형사 절차의 모든 단계가 중요하겠지만 일반인이 더욱 중요하게 생각해야 할 순간은 경찰 단계, 그중에서도 첫 진술 조사라 할 수 있습니다. 최대한 첫 조사부터 변호사의 조력을 받을 것을 권유하는 바이고, 만일, 그렇지 않은 경우라도 최대한 자신의 입장을 정리하여 방심하지 말고 세심하게 준비하셔야 한다는 조언을 주고 싶습니다.

수사는 나의 첫 진술에서부터 시작된다는 점을 잊지 말고, 첫 조사를 최대한 준비를 잘하여 받으셔야 하는 것을 잊지 말기 바랍니다.

피의자 진술조서는 매우 중요한 증거가 된다

"아니 증거가 없는데 내가 왜 기소가 돼?"라고 말하는 사람들이 종종 있습니다. 그러나, 피해자의 진술도 증거가 될 수 있고, 여러분의 진술도 증거가 될 수 있는 것입니다. 상황에 따라 다를 수 있지만, 극단적으로 범죄사실에 대하여 피해자의 진술과 피의자의 진술이 일치된다면 그 자체로 기소되어 유죄판결을 받을 수 있는 것입니다.

피해자의 진술과 여러분의 피의자 진술조서는 매우 중요한 증거입니다.

여러분은 통상 경찰에서 피의자 조사를 하면서 지금 작성되는 피의자 신문조서가 얼마나 중요한 증거인지 잘 모르는 경우가 있습니다. 나중에 형사 법정에서도 매우 중요한 증거이면서 동시에 양형을 결정하는 자료로서도 중요한 역할을 합니다. 피의자 조서는 지금만이 아니라 형사 법정까지 일관성을 유지하고 신빙성이 있는 진술을 처음부터 끝까지 하고 있는지, 아니면 모순되는 증언을 하고 있는지 살펴보는 매우 중요한 증거입니다. 나중에 형사 공판절차의 증인 신문 내지 피고인 신문에서 검사가 "처음 경찰 조사를 받을 때는 이렇게 대답했는데 왜 진술이 변경되었나요"라고 물어보면 말문이 막힐 것입니다.

자기 입장만 나열하고 객관적인 사실과 다르게 보이는 진술로 신빙성이 잃은 후에서야 증거가 없는데 내가 왜 기소되냐고 수사기관을 탓해봐야 이미 늦은 후회입니다.

자신이 처음 받았던 피의자 신문이 얼마나 중요한 증거가 될지 잘 모른 상태에서 자신이 도대체 뭐라고 진술했길래 기소가 되었는지 잘 모를 때도 있습니다.

이러한 상태에서, 제가 형사 공판 단계에 이르러서 수임한 후 피고인이 그동안 수사절차에서 진술했던 조서들을 열람하여 살펴보면 진술이 앞뒤가 맞지 않아 진술의 신빙성이 상당히 떨어지는 경우가 있습니다. 본인은 억울함을 표시한다는 생각으로 진술하였으나, 사실상 범죄사실에 대하여 자백한 것과 동일한 진술을 한 경우도 있습니다. 즉, 형사 절차에 대한 대응을 이미 잘못하여 완전히 꼬여있는 경우가 된 것이지요.

실전! 생존법

수사는 나의 첫 진술에서 시작된다. 피의자 조사에 회피하는 인상을 주거나 조서를 잘못 작성하면 나중에 법정에서 신빙성을 잃게 된다. 가능하면 변호사와 상담하거나 최대한 입장을 잘 정리하여 첫 진술을 잘 준비한다.

이러한 경우에 공판에서 지난 진술의 증거능력을 부동의하고, 새로 진술하면 되는 것 아니냐고 묻는 사람도 있겠지만, 이미 자신이 수사 절차에서 했던 진술을 별 이유도 없이 공판에서 증거능력을 부동의한 다면 그 자체로 신빙성에 의심을 살 수 있습니다. 그렇기에 자신이 했던 진술을 내용 부인이나 부동의할 때는 상당히 신중하여야 하는 것 입니다.

피의자 신문조서의 전체적인 흐름

이렇게 중요한 여러분에 대한 첫 조사는 어떻게 이루어질까요.

경찰 조사는 무작정 작성하는 것이 아니고, 형식적인 질문과 범죄 사실에 대한 질문이 나뉘어 있고, 수사 기법에 따라 일정한 패턴이 있습니다. 우선 담당 수사관을 만나 조사실 또는 수사관의 자리로 안내 받고 나면, 신원 확인을 위해 신분증을 제시받고 주소, 전화번호, 하는 일 등을 물어보고, 조사에 앞서 변호인의 조력을 구할 것인지, 진술거부권을 행사할 것인지, 진술의 녹음 또는 녹화를 원하는지 확인합니다. 최근에는 관련법률에 따라 발달장애인인지를 필수적으로 묻도록 추가되었습니다. 이러한 질문은 형식적인 질문이므로 긴장하지 마시고 무난하게 답변하면 됩니다.

이후 대략 자신이 왜 조사를 받게 되는지, 피의사실을 알고 있는지를 묻고, 알고 있다면 어떤 내용으로 알고 있는지를 묻습니다. 또 경우에 따라서 혐의사실을 인정하는지 부인하는지를 처음에 묻기도 합니다. 이렇게 전형적인 레퍼토리로 묻는 질문이 끝나고 나면 이제 본격적으로 피의사실의 범죄사실에 해당하는 부분에 대하여 묻고 답하게 되는 것입니다.

여러분이 기억하셔야 할 것은 수사관이 피의자를 조사하여 신문조서를 작성할 때 녹취록처럼 막 작성하는 것이 아닌 질문의 요점에 대한 답변을 정리하여 답변하는 것이기 때문에 질문을 정확히 이해하고 진술하여야 하는 것입니다.

여러분이 진술할 때 정확히 질문을 파악하지 못한 상태에서 중언부언하게 된다면 그것이 자신의 의도와 다르게 진술하는 것처럼 보일 수도 있기 때문입니다. 피의자가 그러한 의미로 답을 한 것이 아님에도 마치 그러한 의미로 답변을 한 것처럼 기재될 수도 있는데 이러한 오류의 근원은 수사관의 질문을 잘못 이해한 것에서 나타나는 것입니다. 만일, 자신의 의도와 다르게 조서에 기재되었다면 진술 이후, 조서 검토 시 적극적으로 수사관에게 이야기하여 수정을 요구하여야 합니다. 또 실제로 그런 답변을 한 것은 사실이지만 앞뒤 질문을 같이 고려하였을 때 범죄사실을 인정한다는 의미가 아닌데 마치 인정하는 것과 같이 오해를 끼칠 수도 있는 표현으로 기재된 경우도 있습니다.

예를 들어서, 아래와 같이 질문하는 경우가 종종 있습니다.

"만약 피해자라면 이와 같은 일로 정신적인 고통을 겪을 수 있다고 생각하지 않나요?"

"만약 피해자가 이 일로 정신적인 피해를 입었다면 미안하거나 사과하고 싶은 마음이 드나요?"

이러한 질문은 일반적으로 여러분의 범죄사실을 전제하여 여러분의 생각을 묻는 질문입니다. 이러한 질문에 대하여 아무런 생각 없이 답변한다면 마치 죄를 자백하는 뉘앙스로 보일 염려가 있겠지요.

즉, 여러분이 이미 범죄를 범하였다는 사실을 전제한 후, 그 이후의 내용에 대하여 묻는 질문은 수사관의 여러 가지 수사 기법 중 하나인 유도신문이라고 할 수 있습니다.

설명하자면 답변하는 자에게 유리한 특정 내용의 답변을 암시하거나 특정 전제를 사실인 것처럼 가정하고 질문하여 특정한 답변을 유도하는 유도신문입니다. 어렵게 느껴질 수도 있고 '답정너' 질문이라고 생각할 수도 있는데요. 물론 이런 질문 하나하나에 잘못 답변하는 것이 그 자체로 모든 진술의 신빙성을 부인하는 것은 아닙니다. 하지만 자칫 잘못하면 진술이 모순적인 것처럼 보일 수도 있고 일관된 진술에 흠이 될 수도 있습니다.

수사 경험이 많은 수사관은 다양한 수사 기법을 동원해 조사하고 우리는 그 의도에 끌려가게 될 수밖에 없습니다. 그렇다고 질문에 답변하지 않을 수는 없기에 답변할 때는 질문을 잘 듣고 취지를 이해한 후 실제 사실관계를 잘 생각해보고 천천히 답변해야 하는 것입니다.

질문을 한다고 하더라도 그것을 바로바로 답할 필요는 없습니다.

유도 신문에 넘어가면 안 된다. "만약 피해자라면...", "만약 피해자가..."라는 질문을 받았다면 의도에 끌려가지 않게 천천히 생각하여 전제를 반박하는 답변을 하자.

질문을 이해하면 천천히 사실관계 및 자신의 입장을 생각하고, 내가 경험한 사실대로 정확하고 일관되게 진술하여야 하는 것입니다.

만일, 예를 들어드린 위 질문에서 여러분이 실제로 그러한 범죄사실을 한 사실이 없다면, 정확하게 그 전제되는 사실에 대하여 반박하는 답변을 하여야겠죠. 아래처럼요.

"저는 그러한 행동을 하지 않았기에 피해자가 정신적인 피해를 입었을 것으로 생각하지 않습니다."

이렇게 범죄사실에 대한 질문과 상세한 경위, 그리고 추가되는 사항에 관하여 묻는 질문까지 마쳤다면 긴 시간 조사가 마무리되어 갑니다. 그런데 방심할 수 없는 절차가 남아있습니다. 바로 조서 열람 및 검토 시간이죠.

보통 조사는 짧으면 1시간에서 길면 10시간도 걸릴 수 있습니다. 수사관의 성향마다 다르지만, 간단한 사건이 아니라면 몇 시간 정도에 걸쳐 묻고 답하는 시간을 거친 후 극도로 긴장한 상태에서 여기까지 조사받느라 심신이 지친 상태일 것입니다. 그런데 정말 마지막까지 긴장을 놓치면 안 되는 것이, 조서는 진술인이 열람까지 마치고 간인 및 날인을 하는 때까지 완성된 것이 아니고, 반대로 완성이 되어버

> 조사를 마치면 심신이 지친 상태이다. 이 때 가장 긴장을 놓치말고 진술한 조서
> 를 다시 꼼꼼히 열람하라. 일단 날인을 하면 되돌리기 어렵다.

렸다면 이제는 완성된 증거로서 효력을 갖기에 되돌리기 매우 힘들다
는 것입니다.

　그러니 마지막 절차로서 반드시 조서의 열람을 꼼꼼히 해야 합니
다. 지금까지 힘든 조사를 마쳤는데 마지막 절차를 소홀히 해서는 안
되겠죠. 열람하면서 질문과 답변이 기재된 것을 자세히 살펴보고 내
가 말한 취지대로 기재 된 것인지 확인해야 합니다. 만약 내가 말한
것과 다르게 작성되어 있다면 수정을 요구해야겠지요.

피의자 신문에서 주의할 점

구체적으로 여러분이 경찰 조사를 받을 때 주의점들을 몇 가지 정리해 보았습니다.

거짓말은 하면 할수록 불리해진다

사실 좀 의외인데요, 변호사라면 의뢰인을 대신해 거짓말도 해 줄 수 있다고 잘못 알고 있는 사람도 많습니다. 변호사는 절대 섣부른 거짓말을 권유하지 않습니다.

특히, 여기서 말하는 거짓말이란 범죄사실에 대한 직접적인 거짓말뿐만 아니라 주변 정황에 불과한 내용까지 포함해 말하는 것입니다. 굳이 거짓말을 하지 않아도 되는 부분에 대해서 거짓말을 해야겠다고 고집을 부리는 사람들도 있어요.

지난 장에서도 언급했지만, 수사관이나 검사, 판사에게 이미 수백, 수천 명이 수많은 거짓말을 해왔습니다. 수사관은 같은 종류의 사건을 수백, 수천 건을 다룬 사람들이기 때문에 이 사람이 거짓말을 하는지 잘 포착할 가능성이 높습니다. 여러분이 이른바 역사에 남을 사기꾼같이 완벽한 거짓말 전문가가 될 것이 아니라면 거짓말은 역효과만 날 것입니다. '아, 이 사람은 거짓말을 하는 사람이고 진술에 신빙성이 없는 사람이구나'라는 선입견을 줄 가능성조차 있고, 검사 처분이나 형사 재판에서 안 좋은 요소로 작용될 가능성이 높습니다.

실제로 진실만 말하더라도 그다지 불리하지 않을 상황임에도 불구하고, 수사기관 앞에만 가면 마치 007처럼 목소리도 바꾸고 굳이 하지도 않아도 될 잡다한 거짓말을 하면서 상황을 안 좋게 꼬아버리는 경우가 너무 많습니다. 절박한 심정으로 어떻게든 상황을 모면해보고 싶은 심리는 충분히 이해합니다만, 그럴 때일수록 최대한 진실을 객관적으로 파악하고 진실 중에서 유리한 측면을 부각하고자 노력하여야 하고, 서툰 거짓말을 늘어놓는 것은 좋지 않습니다.

설령 진실 중에 일부가 여러분에게 실제로 불리한 사실이더라도 그 사실을 숨기기 위해 거짓말을 반복하다가는 결국 여러분에게 유리했던 사실까지 신빙성을 잃게 될 수 있습니다. 자신에게 불리한 사실이라 하더라도 오히려 사실 그대로 말한다면 진술의 신빙성이 높다는 인상을 주어 오히려 좋은 방향으로 작용하는 경우도 많다는 점을 생각하기 바랍니다.

검토의 시간을 거쳐 증거를 제출하라

진실을 말하더라도 검토의 시간이 필요합니다. 내 말이 진실임을 증명할만한 증거가 있다면 시간을 갖고 준비하여 적극적으로 제출하여 야 합니다.

제가 지난 장에서 되도록 첫 조사 일정을 잡을 때도 여유가 있게 시 간을 두고 지정하고, 그 기간동안 고소장을 확인한 후, 법률상담을 거 쳐 조사에 임하라고 이야기 하였습니다. 같은 맥락입니다. 여러분에게 죄가 있는지 없는지에 대한 여러분의 공식적인 의견은 고소 사실을 충분히 검토하고 밝혀도 늦지 않습니다.

예를 들어서 여러분이 온라인 판매자에게 리뷰를 작성한 것으로 고 소당했다고 생각해보세요.

그렇다면 우선, 여러분이 실제로 리뷰를 작성한 것이 맞는지 여부, 리뷰를 작성하였다면 어떠한 내용의 리뷰를 작성하였는지, 그러한 리 뷰를 작성한 이유가 무엇인지, 리뷰의 내용에 허위사실을 포함하는 지, 구체적으로 리뷰를 작성할 때 실제로 경험한 사실을 토대로 리뷰 를 작성한 것인지, 아니면 경험하지 않은 사실을 토대로 허위로 작성 한 것인지, 리뷰의 내용에 판매자의 명예를 훼손할만한 내용이 있는 지 등 여러 가지 사실관계 및 법률적인 평가를 거쳐서 각 죄명의 인정 가능성 여부를 판단해야 합니다.

무분별한 악플은 당연히 하면 안 되는 것이고 도덕적으로나 형법적 으로나 범죄인 것은 분명합니다. 하지만, 판매자의 마음에 들지 않는 리뷰를 단 행위 모두가 명예훼손죄나 업무방해죄가 되는 것은 아닙니 다. 해당 죄가 인정될 가능성 여부를 사실관계를 토대로 평가한 이후 입장을 명확히 정리하는 것이 중요한 것입니다.

그러니 정확한 법률분석을 한 이후, 첫 조사에 응하고, 진술을 하는 것이 맞습니다. 간혹, 명백히 자신이 리뷰를 작성한 게 맞음에도 불구하고, 처음부터 들통날 거짓말을 하여 양형 및 형량에 대해 안 좋게 작용하는 경우도 많습니다. 이렇듯, 충분한 사실관계의 정립 및 법률검토 후에 자신에게 유리한 증거자료가 무엇이 준비하고, 첫 조사에서 정확하게 진술하면서 자신의 진술을 증명할만한 자료가 있다면 제출하여 자신의 진술이 사실임을 증명해야겠지요.

당연히 이 공식적인 입장은 향후 수사절차 및 형사 재판과정에서도 일관성이 유지되면서 증거자료에 부합하는 입장이어야 합니다.

무턱대고 모른다고 하지 마라, 최대한 기억나는 대로

첫 조사 전까지 사건의 사실관계에 대해 최대한 기억하여 공백이 없도록 사실관계를 정리하여 최대한 기억나는 대로 진술한다. 무턱대고 "모른다, 기억이 나지 않는다"고 말하는 것은 위험하다.

어? 모르면 모른다고 말해야 하는 것 아닌가요?

맞습니다. 기억이 정말 나지 않고 혹은 보거나 들은 사실이 아니라면 당연히 모른다고 답변할 수밖에 없겠지요. 그런데 일반적으로 여러분이 고소당한 피의사건에 대하여 전혀 기억이 나지 않는 경우는 드물겠지요.

사람의 기억은 완전할 수 없고, 시간이 지나면서 당연하게도 기억은 사라지게 마련입니다. 그런데도, 수사관이 묻는 질문에 함부로 잘 모른다, 기억이 나지 않는다고 말하지 말고, 최대한 기억을 상기시킨 후 답하기 위해 노력해야 합니다.

고소 사실에 대하여 고소인의 진술은 존재하나, 다른 증거가 부족하여 고소인과 피의자의 상호 진술이 매우 중요한 범죄들이 있습니다. 그런데 이미 고소인은 구체적인 진술을 통해 범죄 피해에 대하여 진술하였는데, 고소당한 피고소인이 막연히 기억이 나지 않는다고만 하면 아무리 무죄추정 원칙을 호소한다고 하더라도 의심하게 될 수밖에 없는 것입니다.

사건을 시간순으로 구성하였을 때, 여러분이 모른다, 기억이 나지 않는다고 진술한 부분에는 고소인이 진술한 내용으로 사실관계가 정리될 수도 있다는 점을 생각해야 합니다.

예를 들면, 사건 당일 오전에 있었던 일들에 대하여는 구체적으로 진술하다가, 그 이후에 발생한 일들에 대하여는 기억이 나지 않는다고 진술한다면 신빙성이 떨어질 가능성이 높겠지요. 나아가, 자신에게 유리한 내용에 대하여는 구체적으로 진술하다가, 자신에게 불리하다 판단되어 막연하게 기억이 나지 않는다, 모른다고 말하는 것은 조사하는 수사관의 입장에서는 의심할 수밖에 없겠지요.

결국, 여러분이 어떤 사실관계에 대하여 '부지'(不知)의 의사를 밝히는 것은 법리적으로 '부인'(不認)과 동일한 것입니다. 수사의 영역에서는 대충 모른다. '기억이 안 난다고 하면 넘어가겠지'라는 것은 없습니다. 그것에 대하여 최대한 기억을 해내어 명확히 정리하여 진술하지 않고, 두루뭉술하게 넘어가려 한다면 그 공백의 영역은 여러분에 불리하게 작용할 요소가 높다는 것을 유의해야 할 것입니다.

여러분도 많이 들어보았겠지만, 진술은 구체적이고, 일관적이어야 합니다.

지금까지 설명한 부분은 바로 '진술의 구체성'을 높이기 위함이라는 점을 기억하기 바랍니다. 즉, 여러분이 주요 사실관계에 대하여 기억이 잘 나지 않는다면 기억이 나지 않는 시점은 정확히 언제이고, 기억이 나지 않는 부분이 정확히 무엇인지, 그리고, 기억이 나지 않는 이유가 무엇인지를 진술할 수 있어야 합니다. 설사, 수사관의 질문에 대하여 해당 내용이 전부 기억이 나지 않더라도, 기억나는 만큼 최대한 진술을 구체적으로 해야 진술의 구체성을 담보한다 할 것입니다.

묻는 질문에 답하라

묻는 질문에 답한다는 것은 당연하게 들리겠지만, 실제로 피의자 조사에 입회하면 생각보다 많은 사람이 수사관이 묻는 질문에 대한 답변을 잘 못합니다.

첫째로 너무 긴장해서 실제로 수사관이 묻는 질문을 잘 이해하지 못했을 수도 있고, 둘째로 질문에 간단히 답변할 수 있음에도 직접적인 답변은 하지 않고 에둘러서 간접적인 내용만 말하는 경우이죠.

실제로 질문을 잘못 듣거나 취지를 오해하고 답변하는 경우도 많습니다. 이런 때에는 질문을 넘겨짚고 답변하지 말고, 취지를 잘 이해하지 못했다고 다시 질문을 부탁하고 답변하면 됩니다.

또 흔히 주변에서 달변이다, 말을 잘한다고 하는 사람들이 오히려

수사관 : 피해자에게 1억 원을 받으면서 이때 월 5%의 수익을 주고 원금을 보장하겠다고 설득한 사실이 있나요?

피의자 : 그때가 말이죠. 제가 진행하던 사업과 관련해서 이해해야 하는데, 어쩌고저쩌고...

수사관 : 그래서 사실이 있다는 건가요, 없다는 건가요?

피의자 : ...(묵묵부답)

수사관 앞에서는 답변은 하지 않고 시간만 끈다고 하면서 한 소리 듣는 경우가 있습니다. 자기 할 말만 하면서 정확한 답변은 하지 않는 거죠. 이런 분들은 자기가 준비한 답변이 있는데 질문에 부합하는 답변이 아님에도 일단 준비한 내용만 말하는 경우입니다. 그러면 수사기관에게 질문에 정확하게 답변하지 않고 다른 말을 하는 사람이라는 선입견을 주게 되겠죠. 굉장히 좋지 않습니다.

그리고, 이러한 경우는 조사를 추가로 할 필요성이 있다 판단되어 2차, 3차 조사로 이루어지는 경우가 있는 점을 유의하기 바랍니다.

아무래도 앞서도 설명했지만, 조사받는 상황에서 갑작스럽고 억울함이 앞서면 할 말과 못 할 말을 구분 못하고, 안 해도 될 말을 하여 오해를 사거나 정확하지 않은 기억에 의존하는 진술을 하면서 중언부언하게 되는 경우는 상당히 많습니다.

그러니 다시금 사건의 상황을 다시 한번 검토해보는 시간을 충분히 갖고 조사에 들어가야 묻는 질문의 취지를 정확히 이해하고 또 정확하게 답변할 수가 있습니다.

시간과 장소를 함께 진술하라

여기서 한 가지, 진술 시 팁을 말하자면, 답변할 때 당시 배경 상황들을 최대한 구체적으로 진술하되, 구체적인 시간과 장소들을 함께 진술하면 좀 더 논리정연해 보이고 신뢰감 있게 들립니다.

예를 들어서, "돈을 빌릴 때 상황을 진술해보세요"라고 묻는 질문에, 다음과 같이 진술하는 것은 같은 상황을 설명하는 것이지만 상당

예시

답변1 : 그때 카페에서 만나서 돈을 빌려달라고 했습니다.

답변2 : 아마 그때가 점심식사 이후였으니깐 '오후 1시 정도' 됐을 것이고, 그분의 집 근처인 '서울 ○○구 ○○동 ○○ 아파트 맞은편'에 있는 '○○카페'에서 만났습니다. 자리는 카페 안 구석의 테이블에 앉았던 것으로 기억하고 그때 제가 돈을 빌리는 입장이었기 때문에 음료는 제가 계산했던 것으로 기억합니다. 그리고 나서 '1시간가량' 고소인 분께 저의 어려운 사정을 말씀드리고, 저에게 '2,000만 원'을 빌려주시면 어떻게 해서든 '1년 안'에 갚기로 약속했습니다.

히 다르게 느껴집니다.

후자가 훨씬 현장감 있고, 객관적으로 설명하는 인상이 들어, 진술의 신빙성이 높아지고, 더군다나 그 과정에서 자연스러운 항변도 됩니다.

수사관이 어떤 질문을 할지는 모르기 때문에 이런 진술들은 모두 준비해서 갈 수는 없습니다. 따라서 가능한 당시의 구체적으로 경험한 사실들을 최대한 상세하게 묘사하면서 사실대로 진술하는 것이 좋습니다. 또 이러한 진술을 하면서 증거자료가 있다면 적극적으로 어필하는 것도 좋습니다.

잘못한 것이 맞다면
반성하는 태도를 보여라

실제로 내가 잘못한 것이 맞다면 인정하고 반성하는 태도를 보여야 합니다.

고소 사실을 확인한 결과, 고소 사실이 맞고, 법리적으로 판단하더라도 여러분의 잘못이 너무나 명백한 경우에는 어떻게 해야 할까요.

이럴 때는 수사 초기부터 자신의 잘못한 부분을 인정하고 최대한 반성하는 태도를 보이는 것이 맞습니다. 변호사들이 흔히 무죄만을 다투는 것으로 알고 있는 사람들이 많습니다만, 사실 변호사는 의뢰인이 혐의가 있을 때 감경된 처분을 도출하기 위해 노력하거나 형사공판에서 최대한 양형을 적게 나오기 위하여 노력하는 경우도 상당히 많습니다.

피의자 신문의 태도가 중요하다. 좋은 인상을 주어 진술의 신빙성을 확보하자. 충분한 검토 시간을 가져서 잡다한 거짓말은 하지 말고, 무턱대고 모른다고 하기보다는 최대한 기억나는 대로 시간과 장소를 포함해 구체적으로 진술한다. 그리고 잘못한 것이 있다면 반성하라.

특히, 의뢰인의 잘못이 명백하다면 수사 초기부터 범죄사실에 대하여 자백하여 수사기관의 수사에 최대한 적극적으로 응하고, 반성하는 모습을 보이면서, 피해자와 합의에 이를 수 있도록 노력할 수 있습니다. 특히, 검찰 수사단계에서 형사조정신청서를 제출하는 등의 적극적인 방법으로 의사를 표현하여 피해자에게 사과 및 반성하는 태도를 보이고, 합의에 이를 수 있도록 노력할 수도 있습니다.

이렇듯, 수사 과정에서 여러분이 잘못한 것에 대하여 솔직히 인정하면서 여러분에게 여러 가지 유리한 정상 관계가 있다면, 검찰에서 불기소 기소유예 처분이 나올 수도 있을 것이고, 사안이 경미하다면 약식기소 정도로 종결될 수 있을 것입니다.

무죄보다는 불송치, 불기소를 받기 위해 노력하라

"피고인은 무죄."

변호사로서는 너무 설레는 단어가 있습니다. 바로 무죄이죠. 형사 재판을 겪어 보시면 알 겁니다. 형사 재판까지 가서 무죄를 받는 게 얼마나 힘들고 어려운 과정을 거쳐야 하는지. 영화나 드라마에서 보는 형사 절차는 꽤 압축되어 있습니다. 실제로는 훨씬 더 길고 어려운 절차를 거쳐야 합니다. 변호사라는 일을 하면서 의뢰인을 믿고 형사 재판에서 변론하고 끝내 무죄를 받는 것은 꽤 감동적이고 멋진 일입니다. 영화의 마지막 하이라이트를 장식할 만큼 기분 좋은 일이죠. 그런데 말입니다. 사건을 맡기신 의뢰인에게도 무죄가 제일 좋은 것이냐고 하면 조금 생각해봐야겠습니다.

물론, 이미 형사 재판단계까지 와서 형사 재판을 앞두고 저희를 선임하여 사건을 진행했다면 당연히 가장 좋은 것이 '무죄' 맞습니다.

그런데 지금 막 고소당해서 수사가 시작되는 단계라면 무죄가 아닌, 경찰의 불송치 결정, 검사의 불기소 결정을 목표로 해야겠지요.

형사 재판까지 무죄를 받았다는 것만 해도 대단히 좋은 일이지만 반대로 말하면 형사 재판까지 간다는 것 자체가 일반적으로 대단히 고통스러운 일입니다. 의뢰인의 입장에서는 그 긴 시간 동안 힘든 수사단계 및 형사 재판 단계를 거쳐, 수사 기관들이 이 사람에게 죄가 있고 증거자료가 충분히 있다고 판단하여 송치 결정하고 기소 처분을 한 것입니다.

이렇게 형사 재판까지 가는 과정 자체가 엄청나게 힘든 과정입니다. 더군다나 형사 재판에서 무죄판결을 받는 것이 무척 어렵고 변호사로서도 철저히 준비해야 하는 일입니다. 또 무죄를 받는다고 해도 의뢰인의 그 긴 시간과 힘듦은 누가 보상할 것인가요.

결론적으로 형사 재판단계에서 무죄를 받는 것은 변호사의 낭만이 다시 한번 강조하면, 최선은 무죄보다는 불송치나 불기소 처분을 받는 것이다. 무죄판결이 무척 어려울 뿐 아니라 형사 재판 자체만으로도 일반인에겐 대단히 고통스러운 일이기 때문이다.

고 이 역시도 너무 좋지만, 사실은 그 이전에 수사 과정에서 경찰로부터 불송치, 검사로부터 불기소 처분을 받는 것이 가장 좋습니다.

위에서도 말했지만, 공판단계에서의 무죄를 받는 것보다는 수사단계에서 비교적 높은 확률로 처벌받지 않고, 불송치 내지 불기소 처분을 받을 가능성이 훨씬 높습니다. 따라서, 여러분은 경찰 수사단계에서부터 불송치 결정받기 위해 최선의 노력을 다하여야 합니다.

C H A P T E R

6

처분결과 통지 후 재판이 시작된다

피의사건 처분결과 통지서에 적힌 구공판과 구약식

만약 "당신 징역을 구형할 예정이니까 준비해"라고 검사가 말하면 어떤 기분이 들까요?

형사 절차에서 꼭 기억해야 하는 용어가 있습니다. 그중에서도 검찰의 기소 처분과 관련되어 정식기소를 의미하는 구공판, 구약식이 의미하는 것은 꼭 알아두어야 합니다.

특히, '피의사건 처분결과 통지서'라는 우편물을 받았는데 처분결과에 '구공판'이라고 기재되어있다면 정말 여러분에게 큰일이 났다는 뜻입니다.

아직 잘 모르겠다고요? 더 직관적으로 이야기하면 '구공판'(정식기소)은 검찰이 '당신 죄질이 좋지 않아 징역(혹은 금고형)을 구형할 예정이니까 준비해'라고 말하는 것이라고 이해하면 쉽습니다.

검찰 단계에서 여러분에게 죄가 있다고 판단하면 검사는 기소 처분을 하게 됩니다. 또 반대로 죄가 없다고 판단하게 되면 불기소 처분을 하게 되는 것이죠. 이때 수사단계를 종결하면서 수사기관에서 여러분에게 서면으로 통지를 보낼 것입니다. 피의사건 처분결과 통지서라는 제목의 문서인데, 이 통지서에는 여러분에 대한 사건에 대하여 검사가 어떻게 처분하였는지 그 결과가 나와 있습니다.

처분은, 검찰에서 그동안의 수사를 종결하면서 수사기관에서 최종적으로 결정하는 의미가 있습니다. 이때 검찰에서 할 수 있는 처분은 여러 종류가 있는데, 여러분이 알고 있으면 좋을 개념이 기소와 불기소이죠. 쉽게 말해서 '기소 처분'은 수사기관에서 수사해보고 증거도 살펴보니 죄가 있다 판단되니, 처벌받아야겠다는 의미이고, '불기소 처분'은 반대로 죄를 증명할 만한 자료가 부족하거나(증거불충분 혐의 없음), 죄가 안 된다고 판단하거나(죄가 안 됨), 혐의는 있으나 유예할만한 한 사정이 있다고 판단하거나(기소유예), 공소권이 없다고 판단한다(공소권 없음)는 경우입니다.

검사의 공소제기 즉, 기소의 종류는 '구공판'(정식기소), '구약식'(약식기소) 처분이 있습니다. 쉽게 말해서 구공판은 검찰이 범죄혐의가 있다고 판단하여 정식재판을 청구하는 것을 말하고, 구약식은 검찰이 범죄혐의가 있다고 판단하나, 그 죄의 정도가 경미하여 법원에 벌금형을 약식으로 구하는 것입니다.

만일, 여러분이 검찰로부터 구공판 처분을 받는다면, 법원은 여러분에게 공소장을 우편으로 보내줄 것이고, 공판기일 등을 지정하여

기소의 종류
구공판 처분
구약식 처분

구공판

형사 재판이 진행될 것입니다. 여러분이 검찰로부터 구약식 처분을 받는다면, 법원에서 검찰의 약식공소장을 토대로 판단하여 약식명령을 발령할 수도 있고, 약식명령이 적절하지 않다고 판단하면 정식재판으로 회부할 수도 있습니다.

약식명령이 발령되면 법원에서 여러분에게 약식명령을 우편으로 보내줄 것인데, 여러분이 약식명령에 대하여 다투고자 할 경우, 약식명령등본을 송달받은 날로부터 7일 이내에 정식재판을 청구할 수 있습니다. 정식재판을 청구하면 형사 재판이 열리게 되는 것이지요. 여러분이 약식명령에 대하여 정식재판을 청구하면, 더 무거운 형종으로는 변경이 금지되나(형사소송법 제457조의2 제1항), 더 중한 형량을 선고할 수는 있습니다. 예를 들면, 300만 원의 벌금으로 발령된 약식명령에 대하여 정식재판 청구를 하게 되면, 정식재판에서 징역형을 선고하는 것은 법률상 불가하나, 무거운 형량인 500만 원의 벌금을 선고 피의사건 처분결과 통지서가 우편으로 왔는데, '구공판'이 기재되어 있으면 형사 재판을 준비하자. 징역이나 금고형을 구형할 가능성이 높으니 이제는 한시라도 빨리 법률상담을 받아야 한다.

하는 것은 가능한 것이지요. 그러니, 정식재판을 청구할 때는 위와 같은 점을 유의하기 바랍니다.

따라서, 검사는 일반적으로 벌금형이 적절하다 판단되면 구약식, 징역(또는 금고형)이 적절하다 판단되면 구공판 처분을 하는 것입니다.

즉, 검사가 수사 과정에서의 여러 내용을 검토하여 보니 '당신에게 죄가 있더라. 그것도 사안이 중하여 징역형이나 금고형이 선고되어야 한다'라고 판단하여 구공판 정식기소를 한 것이고, 형사 재판에서 여러분에게 징역 내지 금고형을 구형할 가능성이 상당히 높다 할 것입니다.

따라서, 여러분이 만일, 검찰에서 구공판기소를 한 이후 형사 재판 과정에서 피해자와 합의가 되었거나 하는 등 여러분에게 유리한 특별한 사정이 없으면 징역을 구형하지 않는 경우는 드뭅니다.

그러니, 여러분이 피의사건 처분결과 통지서를 받았는데 처분결과에 '불구속구공판'이라 기재되어 있다면, 한시라도 빨리 법률상담을 받아야 합니다. 이제 정말 긴장해야 하는 순간이 온 것입니다.

형사 재판을 앞두고 준비할 것들

여러분이 검사로부터 구공판 처분을 받거나, 법원으로부터 정식재판에 회부되거나, 여러분이 약식명령에 대하여 정식재판 청구를 한 경우, 이제 형사 재판이 진행됩니다.

형사 재판의 일련의 절차를 요약하면, 우선 피고인의 성명과 나이, 주소, 등록기준지 등을 묻는 인정신문절차를 진행하고, 그다음 검사가 공소사실을 낭독하면, 피고인 및 변호인에게 공소사실에 대한 입장, 즉, 공소사실을 인정하는지, 부인하는지 물어 답변하게 됩니다.

이후, 검사가 증거목록을 제출하면, 피고인 및 변호인이 제출된 증거목록에 대한 의견을 표시하고, 본격적으로 증거조사를 하게 됩니다. 증거조사가 마무리되면, 피고인 신문을 할 수도 있고, 검사와 피고인이 원하지 않는다면 생략할 수도 있습니다.

그 이후, 검사는 구형을 하게 되고, 변호인은 최후변론, 피고인은 최후진술을 하며 형사 재판을 마무리하게 됩니다. 그리고 형사 재판을 종결하며, 판결선고기일을 지정하여 판결선고기일에 판결을 선고하게 됩니다.

이러한 일련의 절차에 대하여, 만일, 공소사실에 대하여 인정하고, 증거도 모두 동의하여 당일에 증거조사가 완료된다면 1회 기일로 형사 재판이 종결될 수도 있고, 만일, 공소사실을 다투고, 증거도 다수 다툰다면 재판이 오래 진행될 수도 있습니다.

보기만 해도 머리가 어지럽습니다. 아무래도 일반인들이 형사 재판을 혼자 준비한다는 것은 너무나도 어려운 일일 것입니다.

따라서, 검사로부터 구공판 처분을 받는다면 적극적으로 법률상담 등을 통해 준비할 것을 권유하며, 변호사를 선임할 여건이 되지 않는다면 법원에 소명자료를 제출하여 국선변호인의 선정을 청구하는 방법도 있습니다(형사소송법 제33조 제2항 및 형사소송규칙 제17조의2 본문).

형사소송법 제33조 [국선변호인]

① 다음 각 호의 어느 하나에 해당하는 경우에 변호인이 없는 때에는 법원은 직권으로 변호인을 선정하여야 한다.

1. 피고인이 구속된 때

2. 피고인이 미성년자인 때

3. 피고인이 70세 이상인 때

4. 피고인이 듣거나 말하는 데 모두 장애가 있는 사람인 때

5. 피고인이 심신장애가 있는 것으로 의심되는 때

6. 피고인이 사형, 무기 또는 단기 3년 이상의 징역이나 금고에 해당하는 사건으로 기소된 때

② 법원은 피고인이 빈곤이나 그 밖의 사유로 변호인을 선임할 수 없는 경우에 피고인이 청구하면 변호인을 선정하여야 한다.

③ 법원은 피고인의 나이 · 지능 및 교육 정도 등을 참작하여 권리보호를 위하여 필요하다고 인정하면 피고인의 명시적 의사에 반하지 아니하는 범위에서 변호인을 선정하여야 한다.

형사소송규칙 제17조의2
[국선변호인 선정청구 사유의 소명]

법 제33조제2항에 의하여 국선변호인 선정을 청구하는 경우 피고인은 소명자료를 제출하여야 한다. 다만, 기록에 의하여 그 사유가 소명되었다고 인정될 때에는 그러하지 아니하다.

형사 재판을 준비하기 위하여 해야 할 것들이 많습니다. 그런데 생각보다 많은 사람이 아무런 준비 없이 재판에 나가서 본인의 운명이 바람 앞의 촛불이 된 것을 깨닫게 됩니다. 형사 재판을 앞두고 여러분이 준비해야 할 핵심적인 부분을 정리해 보겠습니다.

먼저 여러분이 검찰로부터 구공판 통지를 받았다면, 이른 시일 내에 법원으로부터 공소장 부본도 받게 될 것이고, 그와 함께 공소사실에 대하여 의견서를 제출하라는 통지서가 올 것입니다. 또 이후에 공판기일이 지정되면 피고인 소환장이 오게 됩니다. 이러한 소환장을 수령한 다음부터는 정말 준비할 시간이 얼마 남아있지 않습니다.

다음의 절차적인 부분들은 변호인이 선임되어 있다면 변호인이 알아서 해주는 부분이니 간단히 살펴보면 좋겠지만, 혹시 변호인의 조력을 받지 못하는 상황이라면 직접 챙겨야 하는 부분입니다.

형사 증거기록의 열람 등사

우선, 자신의 형사 사건에 대한 증거기록을 열람 또는 등사해야 합니다. 여기에서 기록이란, 검사가 형사 재판에 제출할 증거기록을 의미합니다. 형사 사건에 대하여는 여러 가지 수사를 거치면서 수사기관에서는 수사자료들을 기록으로 편철하도록 되어 있고, 검사는 기소처분을 하게 되면 그에 대한 증거를 정리하여 제출하게 되어 있습니다. 그런데 피의자는 수사단계에서는 자신의 진술이 담긴 서류 및 자신이 직접 제출한 자료들 외에는 열람 복사를 신청하더라도 기각될 가능성이 상당히 높기 때문에 사실상 대부분의 형사기록을 볼 수 없습니다. 이러한 내용을 이른바 '수사의 밀행성'이라 하는데, 이러한 수사 관련 자료를 수사단계에서는 피의자에게는 공개하지 않다가 형사 재판단계에서 피고인의 방어권을 위하여 공개하는 것이지요.

간혹, 아무런 증거도 없는데 기소 처분이 나왔다고 어떻게 이럴 수 있냐고 호소하는 사람들이 있습니다. 그럴 때 저는 형사 증거기록을 열람해 보았는지, 알고 있는 증거 외에 다른 증거가 있는 것을 확인해 보았는지 묻게 됩니다. 그럴 때, 기록 열람 등사를 해본 적이 없거나 심지어 기록이라는 게 있는지도 잘 모르는 경우가 태반입니다.

여러분이 첫 형사 재판을 앞두고 형사 증거기록을 열람 등사를 신청하기 위해서는 검찰청에 신청하여야 합니다. 형사 재판이 시작하기 전에는 증거기록을 검찰에서 보관하고 있기 때문에 검찰청에 해야 하는 것이지요. 각 검찰청에는 열람등사실이 있는데, 여러분에게 통지서를 보낸 검찰청의 열람등사실로 방문해 안내받고 열람등사를 신청하면 됩니다. 그러면 검사가 기록 열람등사에 대한 허가 여부를 결정하게 되고, 다시 지정한 날짜에 기록 열람 내지 등사하러 오라고 연락이 오게 되며, 지정한 날짜에 방문하여 열람, 등사하고 오면 됩니다.

여기서 알아두어야 할 것은, 기록에 현출된 피고인 본인 외의 타인의 개인정보 표시 및 사생활이 침해될 여지가 있는 정보는 제한된다

KEY POINT 실전! 생존법

형사 증거기록 열람과 복사를 신청하자. 재판단계에서는 수사단계에서 볼 수 없었던 수사자료를 확인할 수 있다.

는 사실이며, 만일, 형사기록을 자신의 형사 재판을 위하여 사용하는 것이 아닌 다른 목적으로 사용한다면 별도의 형사처벌을 받을 수 있다는 것을 꼭 기억하기 바랍니다.

증거의 인정 또는 부인 준비

형사 공판 첫날을 위해서 기록을 열람 등사했다면, 기록을 기초로 수사단계에서 어떤 수사가 이루어졌고, 어떤 증거자료가 수집되었는지 확인할 수 있었을 것입니다. 그러면 여기서 여러분이 이런 의문이 생길 것입니다.

'이제 뭘 어떻게 해야지?'

공판기일에 형사 법정에 가서서 억울함만을 호소하는 것은 사실 아무런 의미가 없습니다. 최후변론을 아무리 그럴듯하게 하더라도 법원은 현출된 증거로 판단하는 것이지 말만 믿고 무죄를 선고해주지는 않습니다. 그러니 어떤 점이 억울한지 증거들을 살펴보고 필요하다면 증거조사 절차에서 증거를 부동의 할 수 있도록 재판을 준비해야 합니다. 이 증거조사에서 증거를 부동의한다는 것은 매우 중요한 의미가 있습니다.

증거 의견을 밝히는 절차는 매우 중요합니다. 검사가 공판 절차에서 증거목록을 제출하면, 증거목록을 꼼꼼히 살펴보고, 부동의하는 증거를 재판장님께 구두로 밝히면 됩니다. 공판기일에 증거조사가 시작되고 부동의하는 증거가 있냐는 재판장의 질문에 예를 들어 '5번 참고인 김○○에 대한 진술조서, 6번 참고인 이○○에 대한 진술조서를 부동의합니다'라고 말하면 되고, 만일, 사전에 증거의견을 정리하였다면 미리 의견서로 제출해도 좋습니다.

자 이제 왜 이런 절차가 왜 중요한지를 설명하겠습니다.

법원은 현출된 증거로 판단한다고 이야기했습니다. 현출은 나타나 있다는 의미의 단어인데요, '증거면 증거지, 현출된 증거는 또 뭐야'라고 생각할 수 있습니다. 사실, 공판이 시작되는 단계에서는 법정에서는 사건 기록을 아직 볼 수 없는 상태입니다. 판사는 사건과 관련한 선입견이나 예단을 방지하기 위해서 공판이 시작되고 증거인부라는 절차에 따라서 검사 측과 피고인 측이 모두 동의하거나, 증거조사 절차에 따라 증거능력이 인정된 증거만을 비로소 볼 수 있고, 이를 기초로 판단하게 됩니다.

'어 그러면 증거를 모두 부동의하면 판사가 증거를 못 보니 무조건 부동의하는게 유리한 거 아닌가?'라는 생각을 할 수도 있는데요. 그러면, 증거조사의 시간만 길어질 뿐, 오히려 재판에 좋지 않은 영향이 있을 수 있습니다.

증거를 부동의해야 하는 경우와 방법

여기에서 제가 설명하는 내용은 증거를 부동의해야 하는 경우와 방법입니다. 다시 한번 말하지만 모든 증거를 부동의하는 것은 의미가 없고, 추천하지도 않는 행동입니다.

증거에는 당연히 증거능력이 인정되는 증거가 있고, 일정한 절차를 통해 증거능력이 인정되는 증거가 있습니다. 이러한 내용들은 어려운 부분이니 여러분이 모두 알 필요는 없고, 위법적으로 수집된 증거와 진술 증거의 경우 정도만 알면 충분할 것입니다. 위법적으로 수집된 증거의 경우는 증거능력이 없으므로 다투어 볼 소지가 있으나, 사실상 여러분이 판단하기 쉽지 않습니다. 더구나 최근에는 수사단계에서부터 적법한 절차가 강조되고 있기 때문에 위법수집증거 자체가 흔하지 않습니다. 따라서 여러분이 현실적으로 주목해야 할 부분은 진술 증거를 부인하는 경우일 것입니다.

예를 들어, 위에서 말한 바와 같이 증거목록에 참고인 김○○의 진술조서가 있는데 사실과 달리 자신에게 불리한 진술을 했다면 해당 참고인의 진술조서를 증거 부동의를 할 필요가 있겠지요. 그렇게 되면 법원에서는 해당 진술조서의 증거능력을 갖추기 위한 절차를 검찰에 요구할 것이고, 검찰은 해당 참고인의 진술조서의 증거능력을 갖추기 위하여 해당 참고인에 대하여 증인 신청을 할 것입니다. 그러면 증인으로 소환된 참고인에 대하여 증거능력을 인정하기 위한 증인 신문이 진행될 것이고, 이에 대하여 피고인 측은 반대신문 권한이 주어지게 되므로 증인에게 반대신문을 진행할 수 있습니다.

따라서 만약 수사단계에서 이루어진 적대적이거나 불리한 진술의 경우에는 부동의를 한 후, 증거능력을 인정하기 위하여 해당 진술인이 법정의 증인으로 출석하면 반대신문을 통해 방어권을 행사하는 절차를 거치도록 준비하는 것이 필요합니다.

그런데 형사 재판에 나가는 대다수는 이런 절차가 있는지도 사실 잘 모르고 어떠한 흐름으로 진행되는지도 잘 모르기 때문에 피고인의 방어권을 제대로 행사하지 못하기도 하죠. 그러니 적어도 여러분에게 불리한 진술을 기록을 검토하여 확인해보고, 그 진술이 기재된 진술조서와 그에 파생된 여러 가지 증거기록 등을 확인하여 증거 의견을 정리할 수 있도록 준비하셔야 하는 것입니다.

당연히 이러한 증거의 인부는 기록의 분석을 마치고, 설정한 변론 방향에 맞는 소송전략에 따라 하셔야 합니다. 모두 인정하고 자백하는 취지로 변론의 방향을 잡았는데 증거를 부동의하는 것은 오히려 좋지 않은 영향을 미칠 가능성이 있겠지요. 반대로 억울하고 무죄를 다투고 있다면 증거기록에 대하여 꼼꼼히 검토하여 부동의할만한 증거가 있는지를 고려해 보아야 합니다. 물론 관련 법리를 검토해보는 것은 너무나 당연합니다.

이와 같이, 만약 형사 재판을 준비하고 있다면, 최소한 자신의 형사 기록을 확인하여 공소사실에 대한 입장을 밝혀야 할 것이고, 증거에 대한 입장 역시 밝혀야 하는 것입니다. 그것이, 형사 재판의 핵심이라 할 것입니다.

> **KEY POINT** **실전! 생존법**
>
> 열람한 형사 증거기록을 토대로 적대적이거나 불리한 진술은 부동의를 한 후, 반대신문을 통해 방어권을 행사하자.

검사가 징역형을 구형했다
형량을 최대한 줄여라

위에서 말한 바와 같이, 증거조사가 완료되고, 별도의 피고인 신문을 하지 않는다면 이제 검사는 구형을 하게 될 것입니다. 이때 특별한 사정이 없다면 검사는 피고인에 대해서 징역형이나 금고형을 구형할 가능성이 높을 것입니다.

그 이유는 위에서도 말했듯이, 여러분에게 벌금형을 구형할 것이었으면, 이미 구약식 처분을 할 것이지, 구태여 형사 재판까지 진행되는 구공판 처분을 할 이유가 없기 때문입니다.

이때, 의뢰인들의 표현을 빌리자면, 검사가 "피고인에게 징역 ○○ 년을 선고해 주시기 바랍니다"라고 구형할 때, 식은땀이 몰려오고 차가운 바람이 배를 지나가는 것 같다고 합니다. 만약 지금까지도 방심하고 있었다면 아찔한 순간이겠죠. 할 수 있는 모든 것을 다 해두었다면 이제는 진인사대천명입니다. 내가 더 할 수 있는 것은 없는지 생각하며, 선고기일을 기다려야 합니다.

아, 잠깐!

형사 재판 과정에서 반성문을 포함한 양형 자료를 만들어 제출하는 것도 잊지 마세요. 재판부에서 집행유예를 고민하고 있다면 저울의 한쪽에 쌀 한 톨이라도 더 얹는 심정으로 양형 자료를 정리하여 제출해야 합니다.

변호사의 역할에서 사실관계를 따져보고 법리를 다투어 무죄를 주장하는 것만큼 중요한 것이 바로 양형 자료를 제출하는 것입니다. 양형이라는 표현이 낯설게 느껴질 수 있습니다만 쉽게 말해서 양형 자료 제출은 현재 시행 중인 양형기준 중 자신에게 적용될 수 있는 감경 요소에 해당하는 내용을 적극적으로 제출하여 형량을 줄이는 것을 의미입니다.

가끔 뉴스를 보면 '아니, 이런 죄목에 형량이 생각보다 낮네?'라는 생각을 한 적이 있을 것입니다. 저는 이런 뉴스를 보면 '아, 변호사가 양형 자료를 잘 정리해서 제출했거나, 양형 관련 진술을 잘 했나 보다'라고 생각하게 됩니다. 그만큼 형사 법정에서 양형과 관련된 자료를 제출하고, 양형에 대해 진술을 하는 것은 변호사의 매우 매우 중요한 역할인데, 이것도 일반적으로 잘 모르는 경우가 많습니다.

양형기준에 대하여는 기본적으로는 대법원 양형위원회에서 정해진 양형기준의 가중사유 및 감경 사유를 고려하고, 피고인의 개별적인 상황을 분석하여 진행하게 됩니다. 양형 자료를 정리하여 제출하는 방법은 변호사마다 쌓인 노하우가 다르고 피고인마다 정형화되어 있지 않아 개개의 사건마다 차이가 날 수 있습니다. 같은 죄목의 비슷한 사건이라도 처벌이 일률적이지 않은 이유이기도 하죠.

피해자와 합의는 되었는지, 진지한 반성을 하고 있는지, 전과가 있는지, 사회에 기여한 일이 있는지 등 피고인의 면면을 구체적으로 살펴보면서 재판부에 조금이라도 호소할 부분이 있다면 관련 자료들을 정리하여 제출해야 하는 것입니다. 양형 자료를 준비하면서 보통 자신의 인생을 돌아보게 되며, 심지어는 사회에서 받았던 표창장, 학창 시절 때 받았던 상장 등도 제출하는 경우도 있습니다.

양형에서 가장 중요한 것은 바로 '피해자의 피해 회복 여부', 나아가 '피해자와의 합의 여부'입니다.

피해자가 있는 사건의 형사 재판에서 가장 중요한 양형 요소는 바로 '피해자의 의사'입니다. 즉, 피해자가 있는 사건의 경우 피해자의 피해가 회복되었는지 여부, 피해자와 합의가 되었는지 여부입니다.

형사 재판의 경우, 반성문을 많이 써서 제출한다고 하더라도 그것이 직접적으로 양형 사유로 크게 반영되지는 않습니다. 결국, 피해자가 있는 사건의 경우, 이 사람이 제대로 반성하고 있는지는 결국 피해자에 대한 태도에서 알 수 있겠지요. 피고인이 범죄를 범하여 피해를 입은 피해자에게 진심 어린 사과를 하였는지, 피해자에게 발생한 피해를 회복하려 노력하였는지, 나아가, 피해자와 합의에 이르러 피해자가 피고인에 대한 처벌을 원하지 아니하는 의사를 표하였는지가 피해자가 있는 사건에서 양형 자료의 가장 중요한 요소입니다. 종종 형사 재판 중 재판부에서 피고인에게 피해자와 합의가 되었는지 직접적으로 묻거나 확인하기도 합니다.

만약 피해자로부터 용서받지 못하여 합의까지는 이르지 못하였더라도 상당 금액의 형사공탁 등으로 피해의 상당한 부분이 회복되었다 판단된다면 감경 사유가 되기도 합니다.

다만, 여기에서 주의할 점은 피해자와 합의하는 과정에서 피해자에 대한 2차 가해를 발생케 하는 행위들을 절대로 하여서는 안 된다는 것입니다.

특히 친고죄(공소제기를 위하여 피해자 기타 고소권자의 고소가 있어야 하는 범죄, 대표적으로 모욕죄가 여기에 해당)나 반의사불벌죄(피해자의 의사에 관계없이 공소를 제기할 수 있으나, 피해자의 명시한 의사에 반하여 처벌할 수 없는 범죄, 대표적으로 폭행죄, 협박죄, 명예훼손죄가 여기에 해당)에 해당한다면 합의가 되면 형사 절차가 바로 끝나게 됩니다. 재판 중이라면 공소기각으로 재판이 종결되고, 수사 중이었다면 공소권 없음으로 수사가 종결됩니다.

반의사불벌죄나 친고죄나 세부적인 어려운 이야기로 들어가면 내용이 많아지지만, 일단 이것만 기억하면 됩니다. 위에서 말한 것처럼 나에게 적용된 범죄가 반의사불벌죄나 친고죄에 해당되고, 내가 범죄를 저지른 것이 맞다면 피해자와 합의하는 것을 가장 먼저 생각해야 합니다. 물론 죄가 없는데도 무조건 합의해야 한다거나 하는 건 전혀 아니지만 만일, 죄를 범한 것이 맞다면 선택지 중에서 가장 우선해서 검토해 보아야 할 부분이라는 이야기입니다. 그만큼 이러한 죄목에서는 가장 결정적이고 완벽한 대응 방법은 합의입니다. 가장 결정적이고 간명한 방법이기 때문에 우선적으로 합의 가능성을 검토해 봐야 합니다.

KEY POINT **실전! 생존법**

양형 자료 제출을 통해 형량을 최대한 낮추는 노력이 필요하다. 피해자와의 합의 여부가 제일 중요하다.

합의할 때는 이렇게

영화 〈한공주〉를 보면 피해자인 주인공과 합의하려고, 가해자의 부모들이 피해자의 학교에 무작정 찾아가서 피해자에게 합의를 강요하는 장면이 나오는데, 이 장면에서 모든 관객은 상당한 정신적인 충격을 받게 됩니다.

실제로, 형사 절차에서 합의를 할 때 피해자를 생각하지 않고 피고인 자신만을 생각하여 너무 조급하게 너무 일방적으로 절차를 진행하다가 피해자에게 2차 피해를 발생케 한다면 형량 산정의 가중요소로 반영될 수도 있고, 피해자로부터 엄벌탄원서가 제출되어 양형에서 가중요소로 반영될 수도 있습니다.

이렇듯, 피해자와 합의할 때는 모든 절차를 조심스럽게 진행해야 하는 것입니다.

그리고, 형사 사건은 이른바 경찰 단계와 검찰 단계를 거쳐 형사 재판으로 마무리됩니다. 이런 절차를 거치면서 합의할 수 있는 적기들이 있으니 각각의 단계에 맞춰서 합의를 진행하는 것이 좋습니다. 물론 수사 초기가 합의의 골든 타임인 사건들도 있습니다. 합의를 하면서 바로 수사 종결을 시킬 수 있는 특수한 경우라면 합의를 좀 더 신속하게 하는 것도 고려해 볼 만합니다. 위에서 말한 반의사불벌죄나 친고죄에 해당하고, 내가 범죄를 범한 것이 맞다면 신속하게 합의를 진행하는 것도 좋은 선택지입니다.

반대로 너무 태평하게 있다가 형사 재판 선고 전에야 합의를 부랴부랴 시도하게 된다면 시간이 촉박하여 합의가 쉽지 않을 수 있습니다.

만일, 검찰 단계라면, 형사 조정제도를 잘 이용해보시면 좋습니다. 형사 조정제도는 검찰로 송치된 사건에서, 피의자와 피해자 상호 간 서로 협의를 할 수 있는 공식적인 절차를 마련해 주는 것입니다. 검사가 사건을 검토하여 피의자와 피해자의 의사를 확인한 후, 형사 조정 절차를 진행하는 경우도 있지만, 만일, 피의자가 형사조정을 강력하게 원할 경우, 적극적으로 검찰청에 '형사조정신청서'를 제출하는 방법도 있습니다.

이러한 공식적인 형사조정절차를 이용하게 되면 그 이전까지는 아무래도 고소인과 피의자의 입장에서 제대로 소통하기 어려웠던 상황에서 조정위원의 중재 하에 서로의 입장을 한번 정리할 수 있고, 그나마 허심탄회한 소통이 이루어질 가능성이 있기 때문에 합의를 시도하기 좋은 시점이라 할 수 있습니다. 더구나 경찰 단계를 지나오면서 어느 정도는 앞으로 기소가 될지 불기소가 나올지 예상할 수 있는 시점이고, 피해자도 내심 합의를 원하고 있을 수도 있기 때문에 적극적으로 형사조정 절차를 통해 합의를 시도하는 것이 좋습니다.

여러분에게 변호인이 있다면 변호사를 통하여 합의를 진행하고, 피해자에게 피해자 변호인이 지정 내지 선임되어 있다면 피해자 변호인을 통하여 합의를 하는 것이 피해자에 대한 2차 피해를 예방할 수 있습니다.

기억해야 할 것은 합의의 첫걸음은 '피해자에 대한 진정한 사과'입니다. 피해자에게 진심 어린 사과 및 반성의 의사를 담은 사과문을 작성하여 전달하고, 이후 만일, 피해자가 합의 절차를 진행하는 것을 원

한다면 그때부터 구체적인 합의 조건을 논의하여야 하는 것입니다.

만약 합의에 이르러 합의서를 작성하게 된다면 꼭 들어가야 하는 문구는 처벌불원의 의사 표시 즉, '처벌을 원하지 않는다'는 내용입니다. 그리고 사건을 정확히 특정하고, 피해자의 의사의 진정 여부를 확인하기 위하여 사건번호와 합의에 당사자인 피고인(수사단계라면 피의자) 및 피해자의 정보들이 기재되어야 하나, 피해자의 개인정보 노출을 방지하기 위하여 합의서 작성 및 제출은 가급적 변호사를 통하여 하는 것이 좋고, 변호사가 없어 하는 수 없이 직접 합의서를 작성해야 한다면 피해자의 개인정보가 포함된 인적 사항은 공란으로 둔 상태로 피해자 측에 합의서 작성을 완료하여 직접 법원 내지 수사기관에 제출하는 방법으로 진행하는 것도 하나의 방법이 될 수 있습니다.

또한, 많이 물어보는 것 중 하나가, 합의한 이후에도 별도로 민사상 손해배상이 가능한지를 물어보는 경우가 많은데, 이 부분은 합의의 구체적인 조건을 어떻게 정하느냐에 따라 차이가 있습니다. 합의서에 '민·형사상 이의를 제기하지 아니한다'라는 문구를 기재하여 더 이상의 분쟁을 방지하고자 하는 경우가 다수이나, 종종 추가 손해 발생

KEY POINT · 실전! 생존법

합의할 때는 합의의 골든 타임을 확인하고 형사조정제도도 활용하라. 사건을 정확히 특정하여 '처벌을 원하지 않는다'는 문구는 꼭 넣는다. 민사상 손해배상 유무도 세밀하게 정하자.

의 여지를 남겨두기 위하여 다르게 정하는 경우도 있습니다. 특히, 자동차 사고 관련 사건에서 합의 이후에도 추가로 분쟁이 발생하는 경우도 많은데, 합의에 이르러놓고, 추가 분쟁을 방지하기 위해서는 정확히 어느 범위까지 합의할 것인지 세밀하게 정하여 합의서에 기재하는 것이 좋습니다.

판결과 항소

판결 선고기일과 법정구속

죄를 지었을 때 언제 감옥에 가게 될까요.

우리 형법에는 형벌의 종류가 9개로 정해져 있습니다. 사형, 징역, 금고, 자격상실, 자격정지, 벌금, 구류, 과료, 몰수가 있죠. 여러분이 모두 알 필요는 없으니 징역, 금고, 벌금 정도를 일단 알아두면 됩니다.

여기서 바로 징역과 금고가 바로 감옥에 가게 되는 형벌입니다. 두 형벌의 차이는 징역은 교도소에 구금되었을 때 노역이 부과되고, 금고는 부과되지 않습니다. 금고는 주로 교통사고로 발생한 범죄와 같은 과실범 등에 부과됩니다.

그리고, 우리가 감옥이라고 부르는 시설도 구치소와 교도소로 종류가 나뉩니다. 미결수 즉, 아직 판결이 확정되지 않은 경우 구치소에 수감이 됩니다. 반면 기결수 즉, 형이 확정이 된 경우 교도소로 이감이 되죠. 이와 유사한 시설이 경찰서의 유치장이 있는데, 이는 임시로 유치하는 장소로 체포가 되어 유치되거나, 경찰 단계에서 영장이 신청 및 청구되어 영장실질심사의 결과를 기다릴 때 유치될 수 있습니다.

형벌에 해당하는 징역, 금고로 인한 법정구속과는 별개로, 법정에서 재판받기 전에 사전에 구속이 되는 경우도 있습니다. 이럴 때 뉴스에서 누구누구에 대한 사전 구속영장이 발부되어 구속되었다고 하죠 '우와, 저 사람은 얼마나 나쁜 사람이길래 구속영장이 나와?'라고 생각할 수 있는데 이 사전 구속영장의 판단 기준은 죄를 인정하기에 충분한 증거가 있다는 전제하에 도주의 우려나 증거인멸의 우려, 거주가 불분명한 경우에만 발부가 됩니다. 법정 구속과는 달리 사전 구속은 아직 형사 재판이 진행되지 않은 상태에서 구속하는 것입니다. 당연히 중범죄의 경우가 많고, 도주의 우려가 있거나 증거인멸의 염려가 높을 때 사전 구속되게 됩니다.

일단 사전 구속이 된 후 수사를 받게 되면 구치소에 수감된 상태이므로 수사에 더 적극적으로 대응하기 어렵겠지요. 자신이 원하는 변호사 상담을 받기도 힘들고, 자신에게 유리한 증거자료를 확보하기도 어려우며, 피해자의 피해 회복을 하기 위한 것도 어렵겠지요. 따라서, 변호사들은 일단 수사 절차가 개시되면 사전 구속영장이 발부되어 구속 수사로 전환되는 상황만은 피하기 위해 노력하게 되고, 구속영장이 청구되면 시간적인 여유가 많지 않기 때문에 영장실질심사를 밤을 새워 준비하기도 합니다.

다시 법정구속으로 돌아와서, 법정구속은 법원 개정 중에 구속이 된 것을 의미하며, 형사 법정에서 선고기일에 징역이나 금고가 선고

되고, 집행유예의 선고가 없으면 보통 선고 즉시 그 자리에서 구속되게 됩니다. 선고기일에 바로 감옥에 가게 될 수도 있는 것입니다. 법정 구속은 단순히 술 마시고 시비 걸려서 유치장에 들어가는 것과는 차원이 다릅니다. 많으면 몇 년, 적어도 몇 달간 사회와 단절이 되면서 쌓아왔던 직장, 친구를 모두 잃을 수도 있습니다. 감옥에 가 있는 긴 기간 동안 휴직이 되지는 않을 테니까요. 그동안의 월급만 해도 경제적으로도 손실이 클 테고요. 당연히 구치소나 교도소 안에서의 생활도 그다지 쾌적하지 않을 것입니다. 핸드폰도 컴퓨터도 할 수 없고, 치킨이나 맥주도 당연히 없죠. 인생에서 그다지 경험하지 않아도 될 최악의 경험이라고 할 수 있습니다.

참고로 징역형이나 금고형을 선고하더라도 바로 법정구속하지 않는 경우도 있습니다. 간혹 피고인이 무죄 다툼을 하는데 판결 번복의 가능성이 존재할 때나, 합의의 가능성이 높아 양형 사유의 변동 가능성이 높을 때 등 극히 예외적인 경우입니다.

그래서 검사가 구공판 기소를 한 형사 재판에서 피고인이 죄를 인정하는 경우에는 일반적으로 '집행유예'를 목표로 하는 경우가 많습니다.

집행유예라는 말은 뉴스에서 많이 들어보았을 것입니다. 집행유예란 유죄의 형을 선고하면서 이를 즉시 집행하지 않고 일정 기간 그 형의 집행을 유예하고, 그 유예기간 동안 집행유예가 실효 내지 취소되지 않고 기간이 경과하면 형 선고의 효력을 상실하게 하는 것입니다.

즉, 징역형이나 금고형을 선고하더라도 참작할 만한 사유가 있을 경우 당장 교도소에 보내지는 않고 유예하겠다는 겁니다.

실제 재판정에서 선고기일에 판사가 이렇게 선고합니다.

"피고인을 징역 1년에 처한다. 다만, 이 판결의 확정일로부터 형의
집행을 2년간 유예한다."

앞에만 들으면 철렁하는 것이고, 만약 이어서 '다만...'을 선고하면
다행히 법정구속은 면하게 되는 것입니다. 반면 뒤의 말을 하지 않으
면 그대로 법정 구속될 가능성이 높습니다. 그래서 기회가 있을 때 집
행유예를 받기 위해서 간청해야 하는 것이죠.

재판정에서 판사가 징역형을 선고하게 되면, 들어왔던 문으로 나갈
수가 없습니다. 대신 선고와 동시에 한쪽에서 대기하고 있던 법정 경
위와 교도관이 다가오며, 신변이 인계됩니다.

'이쪽으로 가시죠.'

그러면 들어왔던 문 대신 옆문이 열리고 그대로 구치소 가는 버스
를 타게 되는 것입니다.

영화나 드라마와 실제 형사 재판은 많이 다릅니다만, 이 순간만큼
은 영화 같은 극적인 상황이 연출됩니다. 선고의 순간이 슬로우 모션
처럼 보이면서 판사의 한 마디에 희비가 교차하죠.

항소를 해야 한다면
7일과 20일을 기억하자

자, 이제 선고까지 마쳤습니다. 그런데 아직 끝난 게 아닙니다. 항소심
(2심), 상고심(3심)이 남아있죠. 우리 법원은 1심과 2심, 3심까지 있는

것은 알고 있을 것입니다. 참고로, 1심과 2심은 사실심으로서 '사실관계' 및 '법률' 사항 등을 모두 고려하여 판단하지만, 3심 상고심은 법률적인 측면만 고려하여 판결합니다.

그런데 항소기간과 상고기간은 모두 단 7일이라는 것은 잘 모를 것 같습니다. 그것도 판결선고일로부터 7일 안에 서면으로 원심법원에 항소장 내지 상고장을 제출해야 합니다.

예를 들어, 2024년 1월 1일 월요일에 1심 판결선고가 있었다면, 1월 8일 24시까지 항소장을 원심법원 즉, 판결을 선고한 법원에 제출해야 하는 것입니다. 이때의 7일은 주말을 포함한 기간이므로 주의하여야 합니다. 그리고, 항소장을 제출하려 하는데 업무시간인 18시가 지났다 하더라도 법원 '당직실'에 제출할 수 있으니 실망하지 말고 꼭 제출하기 바랍니다.

이렇듯, 항소 또는 상고의 제기 기간은 법적으로 불변기간이라 하여 만약 이 기간을 놓치게 되면 항소 내지 상고할 수 있는 기회를 영영 잃게 되는 것입니다.

단 7일. 다시 한번 강조하지만 7일 안에 항소 내지 상고할지 여부를 결정해야 합니다.

그렇다면 어떤 경우에 항소해야 할까요. 다음과 같이 경우의 수를 나누어 볼 수 있습니다. 내가 1심에서 무죄를 주장했는데 유죄가 나왔다면, 항소심의 판단을 받아보기 위하여 항소할 수 있을 것입니다. 또한, 1심에서 죄는 인정했으나, 형량이 생각보다 과다하게 나왔다 생각이 든다면 이 역시 항소를 할 수 있겠지요.

그런데 이런 항소 내지 상고는 피고인만이 할 수 있는 것이 아니고, 검사도 할 수 있습니다. 만약 유죄가 선고되고 형량에 불복한다면 피고인이 항소할 수 있는 것처럼 검사도 무죄가 나오거나 형량이 낮다 생각되면 항소 내지 상고를 할 수 있습니다. 양측 모두 판결에 불복한다면 항소 내지 상고를 할 수 있는 것이죠. 그래서 1심에서 일단 안심할 수 있는 결과를 받았다고 하더라도 항소 제기 기간이 끝나기 전에는 방심할 수 없습니다. 검사의 항소로 인한 제2라운드가 시작될 수 있으니까요.

그다음 기억해야 할 것은 '20일'입니다.

위와 같이 만일 1심의 판결을 다투기 위하여 항소장을 1심 법원에 제출하게 되면, 2심 관할법원은 1심 때 진행되었던 소송기록을 1심 법원으로부터 전달받게 됩니다. 이렇게 2심 관할법원이 소송기록을 접수하게 되면, '소송기록접수통지서'를 피고인에게 발송하게 되는데 이러한 소송기록접수통지서를 받게 되면 그때로부터 '20일' 안에 항소이유서를 작성해서 제출해야 합니다.

본인이 1심 판결을 다투는 이유를 구체적으로 작성하여 항소이유서를 작성해야 하는데, 최대한 내용을 자세히 작성하여 제출하여야 합니다. 대표적인 항소이유로는 사실의 오인이 있어 판결에 영향을 미쳤다고 주장하거나, 형의 양정이 부당하다고 인정할 사유가 있는 경우 등이 있습니다. 최대한 내용을 구체적으로 작성하여 항소이유서를 작성 및 제출하여야 하고, 주의할 것은 '소송기록접수통지서'를 받은 날로부터 '20일' 안에, 원심법원이 아닌 현재 형사 공판이 진행

> 항소할 때는 선고일로부터 7일 이내에 원심법원에 항소장을 제출한다. 그리고 소송기록접수통지서를 받으면 20일 이내에 2심 관할법원에 항소이유서를 제출한다.

중인 '2심 관할법원'에 제출하여야 합니다.

만일, 3심 상고 절차를 진행한다면 역시 소송기록접수통지서를 받을 날부터 20일 이내에 상고이유서를 대법원에 제출하여야 하겠지요.

마무리하며

지금까지 억울한 고소를 당한 입장에서 여러분이 살아남는 법을 설명하였습니다.

제가 쓴 위와 같은 생존법만이라도 알고 있다면 세상의 어떤 터널보다도 긴 인생의 어두운 시간을 보낼 때 견딜 수 있으리라 생각합니다.

여러분이 어떤 결과를 받든 다음과 같은 사실은 잊지 말기 바랍니다. 누구나 인생에서 잘못을 할 수 있고 억울하게 수렁에 빠져 큰 대가를 치렀을 수도 있습니다. 인생의 오점이 생겼다고 후회할 수도 있습니다.

그러나 진정으로 인생의 오점이 되는 것은 반성하지 않는 태도와 또다시 같은 잘못을 반복하는 것입니다. 이제 다시는 이 형사 절차의 수렁에 빠지시는 일이 없는 인생을 살아가기를 진심으로 기원하겠습니다.

고소의 기술

고소는 이런 순서로 진행한다

❶ 고소와 인지 사건은 다르다. 필요하면 고소를 고려하자 → **❷** 경찰은 내 편도 아니고 알아서 해주지 않는다 → **❸** 고소장은 육하원칙보다 구성요건을 생각하자 → **❹** 고소장은 법률 전문가의 도움을 얻자 → **❺** 고소장 접수 후에는 고소인 진술이 있다 → **❻** 추가 증거를 제출하라 → **❼** 합의금을 받기 전에 절대 취하하지 말아라 → **❽** 고소가 잘 풀리면 민사소송으로 가자 → **❾** 손해를 입증하자. 적극 손해, 소극 손해, 정신적 손해 → **❿** 고소가 안 풀리면 불송치 이의신청, 불기소 항고, 재정신청이 있다

PART

2

억울한
범죄피해에서
벗어나고 보상받는
고소의 기술

고소와 인지사건의 결정적 차이

내가 고소해서 수사한 것이 아니라고요?

어떤 범죄 피해를 당했습니다. 그래서 내가 누군가를 고소한다고 마음먹고 난 다음에는 어떻게 해야 할까요? 인근 파출소로 가야 할까요? 아니면 경찰서? 만약 지금 당장 구호가 필요한 피해를 본 상태라면 즉시 112에 신고하고 경찰의 출동을 기다려야겠죠. 112 경찰 출동기록은 나중에 정보공개청구를 통해서 확인해 볼 수 있으니 유용하게 사용될 수도 있습니다. 말이 나왔으니 나의 현실적인 사건을 한번 따라가 봅시다.

자, 내가 피해를 본 직후입니다. 112 신고를 했든지, 사건 이후 인근 파출소나 경찰서에 방문했든지 경찰에서는 어떠한 민원 양식이나 진술서 양식을 줄 것입니다.

그러면 여기다가 또박또박 열심히 나름 육하원칙에 맞춰서 누가, 언제, 어디서, 무엇을, 어떻게, 왜... 이렇게 쓸 것입니다. 피해자의 대부분이 이렇게 쓰는 것 같습니다. 이것이 잘못된 것은 아닙니다. 방금 한 것은 사건에 대한 진술 내지 신고이고, 형사 절차적으로 '인지'에 해당하는 수사의 단서를 수사기관에 제공한 것입니다.

수사가 개시되기 위해서는 인지와 고소 등으로 나뉘는데, 인지는 고소나 고발이 된 것이 아니라, 수사기관이 직접 사건을 확인하고 수사를 시작했다는 의미입니다. 갑작스럽게 범죄 상황이 발생하였다거나 해서 112에 신고하고 경찰이 출동한 경우를 생각해보세요. 인근 파출소에서 경찰이 출동해서 현장 상황을 정리한 후에 관계자들의 진술을 받기도 하고, 때로는 지구대나 파출소에 동행해서 진술을 받기도 했을 것입니다. 이런 경우에는 고소가 아닌 인지로 처리가 되는 경우가 많습니다.

본인이 생각하기에 112를 통해서 신고하거나 경찰서에 방문하여 진정서를 제출했다면 내가 고소를 했다고 생각하는 경우가 있지만 수사 절차상으로는 확연히 다른 것입니다. 즉, 본인이 직접 정식으로 고소 의사를 밝히고 고소장을 정식으로 제출하지 않으면 많은 사건이 인지 사건으로 처리된다고 생각하면 됩니다.

고소 사건과 인지 사건은 다르다

위에서 말한 바와 같이, 수사가 시작되는 절차에 따라 수사는 대표적으로 '고소 사건'과 '인지 사건'으로 구별됩니다.

우선, '고소'의 의미를 살펴보면, 고소란 피해자가 수사기관에 일정한 범죄사실을 신고하고, '가해자를 처벌해달라'고 가해자에 대한 처벌을 요구하는 의사를 표시하는 절차입니다. 여기서 핵심은 처벌을 요구하는 것입니다. 이 과정에서 일반적으로 고소장을 수사기관에 제출하는데, 반드시 고소를 고소장 등의 문서로 할 필요는 없지만, 고소의 의사가 담긴 근거를 명확히 남기기 위하여 '고소장'을 제출하는 것이 좋습니다. 설사, 인지 수사로 수사가 개시되었다 하더라도 고소의 의사가 담긴 문서를 제출한다면 고소권자로서의 지위를 가지는 것입니다.

참고로, 우리가 흔히 고소장을 보낸다고 표현하지만, 실제로 피해자가 가해자에게 직접 고소장을 보내는 경우는 없습니다. 고소장을 경찰서에 접수하게 되면 피고소인은 정보공개신청 등을 통해서 고소 사실을 확인할 수 있을 뿐이죠.

이와 유사하게 느껴지지만, 상당히 다른 것이 '인지 사건'인데요. 인지 사건은 112 신고 내지 민원 절차 등을 통해 사건이 진행되는 것입니다.

'뭐가 다르지? 어차피 수사만 해서 처벌만 되면 되는 것 아닌가?' 라고 생각할 수 있으나 피해자의 지위에 차이가 있습니다.

왜 고소를 해야 할까?

내가 수사절차에서 더 적극적인 역할을 하고 싶다면 고소 절차로 진행하는 것을 추천합니다. 고소 절차를 진행한다면 이제 단순 피해자가 아닌 고소인의 지위이기 때문에 고소인으로서의 확보할 수 있는 권리가 다르고, 수사 과정에 참여할 수 있는 절차에 차이가 있습니다.

쉽게 말해 같은 범죄 피해자라도 고소인의 경우가 형사소송법상 보장된 권리가 더 많다고 이해하면 됩니다. 고소인의 지위를 확보한 경우에는 형사소송법상 고소인으로서 법률상 권리가 보장되어 있습니다. 사건 처리 과정마다 고소인은 규정에 따라 통지받을 수 있습니다. 이게 뭐 대단한가 싶겠지만 이런 권리들이 보장된 것과 아닌 것에는 꽤 차이가 있습니다.

또 형사 사건의 경우에 통지받지 못하게 되면 사건이 어떻게 진행되는지 알지 못하는 경우가 허다한데, 고소 사건의 경우에는 사건이 어떻게 수사가 되고 어떻게 종결되었는지 서면으로 통지를 받아볼 수 있습니다.

최근에는 [검사와 사법경찰관의 상호협력과 일반적 수사준칙에 관한 규정] 및 [경찰수사규칙]에 따라 고소인이 아닌 단순 범죄 피해자라 하더라도 수사 진행 상황이나 수사 결과 등을 통지하도록 규정되어 있어 통지에서는 상당히 개선되었으나 아직 형사소송법 등 법률에 따른 것이 아니기에 더욱 확실히 통지를 받기 위해서라도 고소로 진행되는 것이 더 좋습니다.

또 매우 중요한 예를 들자면, 검찰에서 불기소 처분을 할 경우 고소인은 또 다른 검사가 사건을 검토해볼 수 있도록 검찰 항고를 신청할 수 있으며, 항고가 기각되었을 때는 법원에 재정신청을 할 수 있습니다. 그런데 인지 사건의 범죄피해자는 항고 권한이 없고, 항고 권한이 없으니 항고 이후에 다시 한번 법원의 판단을 받아 볼 수 있는 재정신청 절차도 이용할 수 없습니다.

인지 사건 피해자의 이의신청권에 관한 헌법재판소 결정례

사법경찰관은 고소인, 고발인, 피해자 또는 그 법정대리인에게 사건을 검사에게 송치하지 아니하는 취지와 그 이유를 통지하여야 하고(형사소송법 제245조의6), 통지를 받은 사람(고발인은 제외한다)은 이의를 신청할 수 있으며(형사소송법 제245조의7 제1항), 사법경찰관은 위 신청이 있는 때에는 지체 없이 검사에게 사건을 송치하고 관계 서류와 증거물을 송부하여야 하며, 처리결과와 그 이유를 신청인에게 통지하여야 한다(형사소송법 제245조의7 제2항). 이상의 조항들은 불송치결정과 관련하여 통지 대상과 이의신청권자를 정할 때 고소인과 피해자를 구별하지 않으므로, 인지 사건 처리로 인하여 피해자의 지위에 있는 청구인의 법률관계나 법적 지위에 어떠한 영향이 발생한다고 보기 어렵다.

참고로, 경찰의 불송치 결정에 대하여는 형사소송법 규정 헌법재판소의 결정례에 따르면 다음과 같이 판시하여 인지 사건의 피해자에게도 이의신청권이 존재함을 밝혔습니다.

또한 무엇보다 고소장에 명백하고, 일목요연하게 고소 사실과 관련 증거를 제출하면 아무래도 수사에 큰 도움이 될 것도 자명합니다.

만약 인지 사건으로 수사가 개시되고 있어도 고소장 등의 서면으로 명시적인 고소의 의사를 밝히는 것도 방법입니다.

KEY POINT 실전! 생존법

고소하지 않으면 인지 사건으로 수사가 진행된다. 고소의 핵심은 가해자를 처벌해달라는 의사표시다. 고소를 해서 단순 피해자가 아닌 고소인의 지위와 권리를 확보하자.

CHAPTER
2

내 고소장이 잘못된 이유

이번 장의 제목에서 잘못되었다고 과감하게 말했습니다. 과장된 표현이기도 하지만, 솔직히 부족한 고소장이 많습니다. 많은 사람들이 고소를 할 때 구체적으로 뭘 적어야 할지 모르고, 자신의 피해만을 장황하게 작성하는 것이 대부분입니다. 변호사들이나 수사기관이 봤을 때는 많이 부족한 것은 사실이죠. 무엇이 잘못되었는지 알아보겠습니다.

고소하면 경찰이 알아서 다 해주는 게 아닌가요?

많은 사람이 오해하는 것입니다. 심지어 저도 역시 법을 처음 공부하던 때 수사는 수사기관이 대부분 알아서 해주는 것으로 생각하기도 했습니다. '내가 피해를 당한 피해자니까 고소를 하고 피해를 호소하기만 하면 경찰이 알아서 수사해 줄 것이다'는 것은 현직에서 경험을

쌓은 변호사의 입장에서는 정말 반만 맞다고 말하겠습니다.

여러분이 고소를 하면, 수사관은 어떤 역할을 할까요? 여러분이 고소를 한 피고소인을 범죄자로 몰고, 피고소인의 범죄를 확인하기 위한 역할을 하는 것일까요. 그것은 잘못된 생각입니다.

우선, 수사관은 고소장이 접수되더라도, 피고소인에게 범죄혐의점이 있는지, 고소인에게 실제 피해가 발생하였는지를 판단하는 절차를 진행하게 됩니다.

만일, 고소 내지 신고사건의 종류가 살인, 강도 등의 강력범죄라면, 피해 발생 여부가 직관적으로 판단될 수 있을 가능성이 높고 사건의 급박성 때문에 용의자를 특정하는 데 중점을 두겠지요. 그러나 여러분이 고소하는 사건의 대다수는 이렇게 직관적으로 판단할 수 있는 것이 아닙니다. 여러 가지 사실과 자료들을 통해 꼼꼼히 검토해보아야 하는 범죄들, 예를 들면, 사기, 횡령 등의 재산범죄 및 명예훼손, 모욕 등이 대부분일 것입니다.

기본적으로 수사기관에는 항상 일이 너무 많습니다. 특히 사건을 수사하는 일선의 담당 수사관들이 담당하는 사건은 상당히 많습니다. 수사기관을 대변하는 것이 아니라, 현실을 말하는 것입니다. 수사관 한 명당 사건 하나에 투입할 수 있는 시간과 인력은 한정적일 수밖에 없는 것입니다. 그러하기 때문에 여러분이 누군가를 처벌하기 위해 고소장을 접수할 때는 수사기관에서 이해하기 쉽도록 고소장을 정리하고, 그에 따른 증거자료를 첨부하여야 하는 것입니다.

그러니까 '고소만 해놓으면 경찰이 알아서 수사하고 증거자료도

다 만들어 주겠지'라고 생각하면 안 됩니다.

　다시 한번 강조하자면 고소인의 주장이 애매모호하거나, 그를 뒷받침하는 증거조차 첨부되어 있지 않으면 수사가 원활하게 진행되기 힘든 것입니다.

경찰이 내 편일 것이라는 착각

간혹 피해자들이 많이 화가 나서 변호사 상담을 오는 경우가 있습니다.

　"경찰이 왜 피해자인 내 편을 들어주지 않지요? 피의자 말만 들어주는 것 같아요"라고 합니다.

　경찰은 당연히 민중의 지팡이이자, 사회정의를 위해 일하는 사람입니다. 그러나 현실은 영화에서 본 내용과는 매우 다릅니다. 영화를 보면 선과 악이 명확하고, 사건이 선명하게 보입니다. 그런데 실제 현실에서는 강력 사건 등의 명명백백한 사건을 제외하고는 사실관계가 모호하고 선명하지 않은 경우가 많습니다.

　특히, 사람들이 많이 고소하게 되는 사기, 횡령 등이나, 사실관계 및 여러 가지 자료를 꼼꼼히 판단해야 하는 경제범죄, 다른 증거들이 부족한 상태에서 피해자와 가해자만의 진술만으로 판단을 해야 하는 사건 등에서는 사건의 실체가 명확하지 않고 범죄의 혐의점을 찾기 쉽지 않은 경우가 많은 것입니다.

　이러한 사건에서 당사자들의 입장이 치열하게 대립되고 있다면, 담당 수사관은 누구의 편도 들어주지 않습니다. 그렇기에 담당 수사관은 고소인의 말이라고 하여 100% 믿어주지 않고, 피고소인이라고 하여 무조건 범죄자로 취급하지 않습니다.

고소 사건에서 담당 수사관의 역할은 고소인이 고소한 피고소인의 범죄사실에 대하여 여러 가지 증거자료들을 토대로 피고소인의 범죄 혐의 여부를 판단하는 것입니다. 이러한 판단을 하기 위해서는 고소인이 제출한 고소장 및 증거자료들을 토대로 고소인의 진술을 확보하고, 필요하다면 여러 가지 수사 기법을 통하여 최종적으로 피고소인의 고소 사실에 해당하는 범죄의 혐의 여부를 판단하는 것입니다.

좀 더 쉽게 말하자면, 여러분이 고소했을 때 수사기관의 관심 부분은 피고소인의 범죄혐의 여부입니다.

이러한 판단을 하기 위해서 가장 중요한 것은 고소인의 피고소인의 범죄에 대한 진술과 그것을 뒷받침할만한 증거들이 될 것인바, 결국 고소장을 작성할 때의 핵심은 피고소인의 범죄사실을 정리하고, 그것을 증명하는 것입니다. 즉, 고소 사건에서의 수사관은 고소 사실에 기재된 피고소인의 범죄사실 여부를 판단하는 것이고, 만일, 범죄의 혐의점이 있다 판단되면 보강 수사들을 통해 송치 결정하게 될 것입니다.

KEY POINT | **실전! 생존법**

고소하면 경찰이 다 알아서 해주지 않는다. 수사관은 내 편도 누구의 편도 아니다. 반드시 수사관의 시선에서 납득할 증거를 첨부하여 작성한다.

왜 그걸 요청하나요?
다 필요하니까 요청합니다

요즘에는 웬만한 형사 사건에서는 피고소인도 변호사가 선임된 경우가 많습니다. 그러면 수사관도 '피고소인이 이렇게 항변할 것이다'라고 예상해가면서 그런 항변을 했을 때 더욱 따져 물을 수 있도록 이에 대한 피해자의 진술을 추가로 문의하기도 합니다.

더욱이, 수사관이 고소장을 검토하였을 때 의문이 드는 부분이나 추가 증명이 필요한 부분에 대하여 소명하라고 요청하기도 합니다.

이렇게 수사관이 고소장 검토 후, 고소인 진술 시 혹은 그 이후의 절차에서 묻거나 제출을 요청하는 사안에 대하여는 절대 무시하지 말고, 꼼꼼히 준비하여 의견서 내지 추가 증거로 제출하여야 합니다. 고소장에 기재된 관련 내용 중 의문이 들거나, 불명확한 부분들을 명확히 특정하여 수사 차에서 정확히 확인하고, 조사하는 수사관이 능력 있는 수사관이라 생각하면 됩니다.

만일, 수사관이 고소인에게 추가 의견 내지 자료를 요청하였음에도 불구하고, 대응하지 않으면 어떻게 될까요? 아무래도 송치할 가능성이 줄어들겠지요.

그런데 간혹, 수사관이 고소인에게 추가 의견 내지 자료를 요청하였음에도 불구하고, "왜 그런 걸 나한테 물어보느냐"라고 반문하면서 화를 내는 경우도 봤습니다. 전혀 그럴 필요가 없습니다. 오히려 반대로 상대편에서 주장할만한 핵심적인 항변과 입증자료를 예측해보며 역으로 그것을 논파할 의견을 미리 제출해두어 수사관에게 전해주어

수사관이 추가 자료 요청을 한다면 증명이 부족하다는 것이니 반드시 적극
적으로 제출하라.

야 할 때도 있는 것입니다.

그러니, 고소장 제출 후에 담당 수사관으로부터 연락이 와서 추가
내용에 대해서 묻거나, 추가 자료를 요청한다면 해당 부분에 대하여
증명이 부족하다는 것이고, 혹은 고소장의 기재된 내용에서 불명확한
부분이 있다는 것이기 때문에 증명의 부족 부분을 보다 적극적으로
증명하고, 의문점을 해소하기 위하여 노력하여야 하는 것입니다.

일목요연하게 작성한다

많은 사람이 고소장을 작성할 때 도저히 무슨 내용인지 이해하기조차
어렵게 작성하여 제출하는 경우가 많습니다. 특히, 고소인과 피고소인
의 커뮤니티에서 그들만이 사용하는 용어를 사용해서 고소장을 작성
하여 무슨 말인지 이해하기 어렵게 하는 경우도 있고, 상황 설명도 복
잡하여 이해할 수 없게 작성하는 경우도 있습니다.

그러나 고소장은 여러분의 관점이 아닌 수사기관에서 이해하기 쉽
도록 상황을 최대한 쉽게 설명하는 것이 중요합니다.

만일, 고소 사실과 관련된 배경지식이 필요할 경우, 해당 배경지식
에 대하여도 간략하게 설명해야 합니다. 나아가 고소인과 피고소인이
어떠한 관계인지도 수사기관이 정확하게 이해할 수 있게 작성하고,

피고소인의 어떤 행위 때문에 고소인이 어떤 피해를 당해 고소를 하는 것인지 정확히 작성해야 합니다.

위와 같은 일련의 내용과 같이 고소 사실을 쉽게 설명할 수 없다면 그것은 좋은 고소장이 아닙니다. 다시 말해 고소장은 수사기관에서 해당 고소장을 살펴본 뒤 정확히 이해하게 되고, 그래서 피고소인에게 날카롭게 신문할 수 있도록 작성하여야 합니다. 그래서 고소장이 중요하고 잘 만들어져 있어야 합니다.

쉽게 생각하면 여러분이 고소장으로 수사기관을 설득할 수 있어야 합니다. 설득이란 게 원래 어렵죠. 더구나 피고소인을 처벌해달라고 설득하는 것이기에 얼마나 어렵겠습니까. 그 복잡한 일을 고소장이라는 문서로 표현해야 하는데….

하지만, 여러분이 고소한 사건에 조금이라도 시간을 더 할애해서 수사하게 만들려면 아무래도 보기 편하고 정리가 잘되어 있는 게 중요하겠죠. 또 이 수사가 나중에 검사, 판사가 보더라도 문제없이 잘 된 수사라고 판단되려면 역시 고소장부터 잘 정리되어 이해하기 쉽게 되어 있어야 하는 것은 매우 중요한 사항입니다.

CHAPTER
3

고소장은 이렇게 작성하자

고소장은 어떻게 작성할까요. 작성 방법을 알아보겠습니다. 우선, 일반적으로 고소장은 누구나 아래와 같이 경찰민원포털에서 제공하는 양식을 토대로 작성하면 되고, 변호사들도 마찬가지 양식을 토대로 작성합니다.

고 소 장

1. 고소인

성 명 (상호 · 대표자)		주민등록번호 (법인등록번호)		–
주 소 (주사무소 소재지)		(현 거주지)		
직 업		사무실 주소		
전 화	(휴대폰)	(자택)		(사무실)
이메일				
대리인에 의한 고소	□ 법정대리인 (성명 : , 연락처) □ 고소대리인 (성명 : 변호사 , 연락처)			

2. 피고소인

성 명		주민등록번호		–
주 소		(현 거주지)		
직 업		사무실 주소		
전 화	(휴대폰)	(자택)		(사무실)
이메일				
기타사항				

3. 고소취지

고소인은 피고소인을 ○○죄로 고소하오니 처벌하여 주시기 바랍니다.

4. 범죄사실

5. 고소이유

6. 증거자료

(■ 해당란에 체크하여 주시기 바랍니다)

□ 고소인은 고소인의 진술 외에 제출할 증거가 없습니다.

□ 고소인은 고소인의 진술 외에 제출할 증거가 있습니다.

☞ **제출할 증거의 세부내역은 별지를 작성하여 첨부합니다.**

7. 관련사건의 수사 및 재판 여부

① 중복 고소 여부	본 고소장과 같은 내용의 고소장을 다른 검찰청 또는 경찰서에 제출하거나 제출하였던 사실이 있습니다 □ / 없습니다 □
② 관련 형사 사건 수사 유무	본 고소장에 기재된 범죄사실과 관련된 사건 또는 공범에 대하여 검찰청이나 경찰서에서 수사 중에 있습니다 □ / 수사 중에 있지 않습니다 □
③ 관련 민사소송 유무	본 고소장에 기재된 범죄사실과 관련된 사건에 대하여 법원에서 민사소송 중에 있습니다 □ / 민사소송 중에 있지 않습니다 □

8. 기타(고소내용에 대한 진실확약)

본 고소장에 기재한 내용은 고소인이 알고 있는 지식과 경험을 바탕으로 모두 사실대로 작성하였으며, 만일 허위사실을 고소하였을 때에는 형법 제156조 무고죄로 처벌받을 것임을 서약합니다.

년   월   일*

고소인 ＿＿＿＿＿＿＿ (인)

제출인 ＿＿＿＿＿＿＿ (인)

○○경찰서 귀중

위 양식을 살펴보면, 고소장은 어떤 내용을 작성해야 하는 것인지 대략적으로 알 수 있겠지요. 그러면 위 양식을 기초로 고소장의 세부를 어떻게 작성하여야 하는지 자세히 설명하겠습니다. 다시 한번 말하지만, 위와 같은 고소장 양식은 경찰민원포털에 등재되어 있으니 자유롭게 다운로드 받아 작성하면 됩니다.

① 고소인

우선, 고소장의 첫 번째 목차인 고소인 항목에는 고소인 자신의 성명, 주민등록번호, 주소, 전화 등의 사항을 작성하여야 합니다. 다만, 고소인이 법인 또는 단체인 경우는 이를 증명할 수 있는 법인등기부등본[1] 등의 서류를 제출하여야 하고, 만일, 미성년자의 친권자 등 법정대리인이 고소하는 경우는 가족관계증명서[2] 등 법정대리인임을 증명할 수 있는 서류를 함께 제출하여야 합니다.

② 피고소인

그다음 두 번째 목차인 피고소인 항목은 말 그대로 아는 만큼 작성하면 됩니다. 만일, 피고소인과의 계약관계 등으로 피고소인의 인적사항을 적법하게 아는 경우, 계약서나 차용증과 같은 문서에 기재된 피고소인의 성명, 주민번호, 주소를 기재하면 됩니다.

---

1) 회사가 본점소재지를 관할하는 법원이나 등기소에 등록한, 법인의 주요 사항에 관한 서류입니다. 법원 인터넷등기소에서 발급합니다.
2) 본인을 기준으로 부모, 배우자, 자녀 등의 인적사항을 표시한 증명서입니다. 대한민국 법원 전자가족관계등록시스템에서 발급합니다.

간혹, 여러분이 알고 있는 피고소인의 정보와 실제 정보가 다른 경우도 있습니다. 특히, 이름을 가명을 사용하는 경우도 있고, 휴대전화를 타인 명의의 휴대전화를 사용하는 경우도 있습니다. 따라서, 피고소인의 인적사항을 정확히 특정하기 어렵다면, 수사기관에서 피고소인을 특정할 수 있도록 아는 정보를 기타사항에 최대한 기재하는 것이 좋습니다.

③ 고소취지

그리고 세 번째 목차인 고소취지는 피고소인의 죄명 및 피고소인에 대한 처벌 의사를 밝히는 것입니다. 이전에도 언급했지만, 고소의 본 의미는 범죄사실의 신고 및 피고소인에 대한 처벌 의사를 밝히는 것이라 강조했습니다. 즉, 고소취지는 이와 같이 피고소인을 어떠한 범죄로 고소하오니 처벌하여 달라는 의사를 밝히는 것입니다.

만일, 피고소인에 대하여 사기죄로 고소한다면, '고소인은 피고소인을 사기죄로 고소하오니 처벌하여 주시기 바랍니다'라고 작성하면 됩니다. 그런데 고소를 할 때 피고소인이 어떤 범죄에 해당하는지 모르겠다면 반드시 법률전문가의 조력을 받는 것을 고려하기를 바랍니다. 고소취지에 기재된 죄명과 실제 범죄사실과 차이가 있거나, 잘

KEY POINT | **실전! 생존법**

피고소인의 행위가 어떤 범죄에 해당하는지 모르겠다면 반드시 법률전문가의 도움을 받자.

못된 죄명을 기재하면 수사절차가 제대로 진행되지 아니하고, 여러분이 원하지 않는 결과가 도출될 수 있을 가능성이 높을 것입니다.

④ 범죄사실

고소장에서 가장 중요한 부분인 범죄사실 작성법에 대하여 알아보도록 하겠습니다.

잘 쓴 범죄사실이란 무엇일까요?

조금 어렵고 긴 이야기가 될 수 있지만, 중요한 부분이니 상세히 설명해보겠습니다. 잘 따라오시길 바랍니다.

제가 생각하는 가장 잘 쓴 범죄사실은 이렇습니다. 수사를 마치고 검사가 공소제기를 할 때 작성하는 공소장의 공소사실과 동일하면 범죄사실을 잘 썼다고 평가합니다. 즉, 역으로 말하자면 고소장의 범죄사실을 잘 쓰면, 해당 범죄사실을 토대로 수사기관이 수사를 잘하게 되고, 해당 범죄사실이 검사의 공소사실로, 더 나아가 판결문의 범죄사실로 동일하게 기재될 것입니다. 그렇다면 그만큼 고소장에 기재한 범죄사실이 수사 과정에서 큰 기준점이 되었다는 의미입니다.

사실상 수사기관은 고소장의 범죄사실에 기재된 내용이 그 기준점이 되어 수사하게 됩니다. 또 나중에 검사가 피의자 기소를 하고 공소장을 만들 때도 공소장에 들어가는 내용이 바로 이 범죄사실을 기초로 해서 기재되는 것입니다.

잘된 고소장이냐 아니냐는 범죄사실 부분만 보아도 한눈에 드러나게 됩니다. 만일, 범죄사실의 내용이 부실하게 기재되어있다면 피고소인을 처벌하기 어렵겠지요.

범죄사실을 작성할 때는 피고소인을 고소하는 죄명에 해당하는 범죄사실에 대하여 일시, 장소, 방법, 피해 상황 등을 구체적으로 특정하여 기재하여야 하며, 고소인이 실제로 경험한 사실관계를 작성하고, 나아가 그러한 사실관계를 증명할 수 있는 증거들을 표기하면 범죄사실을 증명하기가 더욱 쉽습니다.

그리고, 범죄사실을 기재할 때는 법률전문가와 비법률가의 차이가 크게 나게 됩니다. 이 부분을 잘못 쓰는 큰 이유는 첫째로 이 부분에 해당 범죄의 구성요건에 해당하는 행위를 써야 한다는 것을 잘 모르기 때문이고, 둘째로 그 구성요건에 해당하는 행위가 어떤 것인지 잘 모르기 때문입니다.

범죄사실은 구성요건을 기준으로 써야 한다. 모르겠으면 처벌 규정을 찾아라!

구성요건을 처음 들어 본 사람도 있을 텐데요. 이것은 법률용어입니다. 단순히 있었던 일을 '육하원칙'으로 쓰는 것이 아니라 구성요건에 해당하는 내용을 써야 하는 것입니다. 물론 '육하원칙'으로 쓰다 보면 구성요건에 해당하는 부분이 들어갈 수도 있겠습니다만 고소장의 범죄사실 부분에는 가능하면 구성요건이 간명하게 들어가는 것이 좋습니다. 이러한 부분은 매우 중요하기 때문에 이 부분만이라도 법률전문가의 조력을 받는 것을 고려하기 바랍니다.

사실 이러한 부분은 법률 전문적인 부분이고, 각 법률 및 죄명에 따

육하원칙으로 쓰는 것이 아니라, 구성요건에 맞춰 쓴다. 구성요건은 고소하는 죄명에 해당하는 규정을 찾으면 대략적으로 알 수 있다.

라 다양한 구성요건이 있기 때문에 모두 설명하기는 어려우나, 한 가지 팁을 말하자면 고소하려는 죄명에 해당하는 규정을 찾은 후, 해당 규정에 맞추어 작성하면 됩니다.

공갈죄 범죄사실 작성 예시

예를 들어 보겠습니다. 만일, 상대방을 공갈죄로 고소하려고 한다면, 공갈죄에 대하여 규정하고 있는 형법 제350조 제1항을 살펴보면 됩니다.

위와 같이 형법 제350조 제1항에는 공갈죄에 대하여 '사람을 공갈하여 재물의 교부를 받거나 재산상의 이익을 취득한 자'라고 되어 있습니다.

그렇다면, 여러분이 범죄사실에 작성하여야 하는 내용은 '피고소인의 공갈행위'와 '재물의 교부를 받은' 내용 혹은 '재산상의 이익을 취득한' 내용이 포함되어야 하며, 구체적으로 해당 행위들의 일시와

형법 제350조 [공갈]

① 사람을 공갈하여 재물의 교부를 받거나 재산상의 이익을 취득한 자는 10년 이하의 징역 또는 2천만 원 이하의 벌금에 처한다.

장소, 구체적인 방법들을 함께 작성하여 주면 됩니다.

위와 같은 내용에 따라, 간단히 범죄사실을 작성하면, 다음처럼 작성할 수 있습니다

예시

피고소인은 2024. 1. 1. 14:00경 서울시 강남구에 위치한 '○○카페'에서 고소인을 만나 "만일 나에게 1억을 주지 않으면 너의 비밀을 너의 친구들에게 발설하겠다"라고 공갈하여(피고소인의 공갈행위), 이에 겁을 먹은 고소인으로부터 2024. 1. 2. 15:00경 피고소인 자신의 계좌인 ○○은행 계좌로 1억 원을 취득하여 1억 원 상당의 금원을 갈취하였다(재물의 취득).

사기죄 범죄사실 작성예시

다시 한번 더 사기죄를 예로 들어볼까요.

여러분이 사기죄로 고소를 진행하려 한다면 어떻게 고소장을 쓰시겠어요? 위에서 말한 바와 같이, 사기죄의 구성요건을 토대로 작성하여야 하고, 이야기 한 생존법대로 우선 사기죄의 해당하는 규정을 살펴보겠습니다.

사기죄는 아래와 같이 형법 제347조 제1항에 규정되어 있습니다.

즉, 사기죄는 '사람을 기망'한 내용, '재물의 교부를 받거나 재산상

형법 제347조 (사기)

① 사람을 기망하여 재물의 교부를 받거나 재산상의 이익을 취득한 자는 10년 이하의 징역 또는 2천만 원 이하의 벌금에 처한다.

의 이익을 취득한 자'라는 내용이 범죄사실에 기재하여야 하는 것입니다. 여기서 사람을 기망한다는 것을 쉽게 말해 사람을 속인다는 것을 의미하고, 그로 인하여 재물을 받거나, 재산상의 이익을 취득하였을 때 사기죄가 성립한다는 것이죠.

그렇다면, 여러분이 범죄사실에 작성하여야 하는 내용은 '기망', 쉽게 말해 피고소인이 고소인을 어떻게 속였는지와 '재물의 취득 또는 재산상의 이익의 취득', 쉽게 말해 피고소인의 속임수로 고소인으로부터 얼마를 취득하였는지의 내용이 포함되어야 하는 것입니다. 보다 구체적으로 해당 행위들에 대한 일시와 장소, 구체적인 방법들을 작성하면 더욱 훌륭한 범죄사실이 되겠지요.

위와 같은 내용에 따라, 간단히 범죄사실을 작성하면, 다음처럼 작성할 수 있습니다.

결국, 형사 고소는 여러분이 고소하려는 범죄의 구성요건을 증명할 수 있느냐 없느냐의 싸움이기 때문에, 만약 여러분이 누군가를 어떠한 죄명으로 고소하려 한다면 적어도 해당 죄명이 어떤 법률에 어떻

예시

피고소인은 도박으로 전 재산을 잃어 실제로는 변제능력 및 변제의사가 없음에도 불구하고, 2024. 1. 1. 14:00경 서울시 강남구에 위치한 '○○카페'에서 고소인을 만나 고소인에게 "만일 나에게 1억을 빌려주면 1년 안에 10%의 이자와 함께 모두 갚겠다"라고 거짓말하여(피고소인의 기망행위), 이에 속은 고소인으로부터 2024. 1. 2. 15:00경 피고소인 자신의 계좌인 ○○은행 계좌로 1억 원을 수령(재물의 취득)하여 1억 원 상당의 금원을 편취하였다.

게 규정되어 있는지, 그 규정의 내용을 살펴보고 작성하여야 하는 것입니다.

사기죄 범죄사실 작성 시
증거자료 기재한 예시

범죄사실을 정확히 기재하였다면 수사기관에 그러한 사실을 증명해야겠지요.

"증거자료가 있다면 수사기관에서 이해하기 쉽게 기재해서 함께 제출합니다."

위에서 함께 작성해 본 사기죄의 범죄사실을 토대로 예를 들어 보겠습니다.

예시

피고소인은 도박으로 전 재산을 잃어 실제로는 변제능력 및 변제의사가 없음에도 불구하고, 2024. 1. 1. 14:00경 서울시 강남구에 위치한 '○○카페'에서 고소인을 만나 고소인에게 "만일 나에게 1억을 빌려주면 1년 안에 10%의 이자와 함께 모두 갚겠다"라고 거짓말하여(피고소인의 기망행위), 이에 속은 고소인으로부터 2024. 1. 2. 15:00경 피고소인 자신의 계좌인 ○○은행 계좌로 1억 원을 수령(재물의 취득)하여 1억 원 상당의 금원을 편취하였다.

우선, 위와 같은 범죄사실에서 증명할 수 있는 사실을 세분화하면, 첫째, 2024. 1. 1. 14:00경에 서울 강남구에 있는 카페에서 만난 사실, 둘째, 고소인에게 1억을 빌려주면 1년 안에 10%의 이자와 함께 모두 갚겠다고 한 사실, 셋째, 알고 보니 고소인이 도박으로 전 재산을 잃은 사실, 넷째, 피고소인으로부터 속아 고소인에게 1억을 전달한 사실 등이 있을 것입니다.

우선, 첫 번째 사실을 증명하기 위하여 약속을 잡기 위해 소통했던 문자메시지 혹은 통화 내역 등이 있을 수 있을 것입니다.

두 번째 사실을 증명하기 위해서는 만일, 금전 대여의 조건을 증명하기 위해 차용증을 작성했다면 차용증을 제출하면 될 것이고, 차용증이 없다면 구체적인 조건의 대화를 나누었던 메시지 내역, 통화 내역 등을 제출하면 될 것입니다.

세 번째 피고소인이 이미 도박으로 전 재산을 잃었다는 사실을 증명하기 위해서는 그러한 사실을 어떻게 접했는지를 살펴 만일, 피고소인이 그렇게 말했다면 관련 메시지 내지 통화 파일을 제출하면 될 것이고, 피고소인의 가족이 그렇게 진술하였다면 그에 해당하는 증거를 제출하면 될 것입니다. 만일, 제출할만한 자료가 없다면 적어도 그러한 사실을 어떻게 접하였는지를 구체적으로 고소장에 기재하는 것이 피고소인의 기망을 증명하기 쉬울 것입니다.

마지막으로 피고소인에게 1억 원을 지급한 사실은 계좌이체를 하였다면 이체내역서를 제출하면 되고, 현금으로 지급하였다면 그것을 증명할만한 자료들을 모두 정리하여 제출하여야 할 것입니다.

이렇듯, 범죄사실을 정리하였다면, 범죄사실을 증명할만한 증거자료들을 최대한 정리하고, 해당 증거들이 정확히 범죄사실 중 어떤 사실들을 입증하기 위한 자료인지 기재한다면 범죄사실 증명 가능성이 높아질 것입니다.

위의 예를 든 사기죄의 범죄사실을 통해 증거자료를 간단히 기재하면 아래와 같습니다.

예시

피고소인은 도박으로 전 재산을 잃어 실제로는 변제능력 및 변제의사가 없음[증 제1호 피고소인의 아내가 고소인에 대하여 피고소인이 도박으로 전 재산을 잃었다고 진술하는 문자메시지 참조]에도 불구하고, 2024. 1. 1. 14:00경 서울시 강남구에 위치한 '○○카페'에서 고소인을 만나[증 제2호 고소인과 피고소인 사이의 2023. 12. 31. 문자메시지 참조] 고소인에게 "만일 나에게 1억을 빌려주면 1년 안에 10%의 이자와 함께 모두 갚겠다"라고 거짓말하여[증 제3호 차용증 참조], 이에 속은 고소인으로부터 2024. 1. 2. 15:00경 피고소인 자신의 계좌인 ○○은행 계좌로 1억 원을 수령[증 제4호 이체내역서 참조]하여 1억 원 상당의 금원을 편취하였다.

위와 같이, 각 범죄사실의 세부 사실에 해당하는 증거들을 범죄사실 후단에 기재하는 것만으로 제출하는 증거가 구체적으로 무엇을 증명하려는 취지인지 알 수 있을 것입니다.

보다 구체적으로 설명이 필요하다면 해당 증거를 설명하고, 구체적으로 무엇을 증명하려는 것인지 별도로 작성하면 더욱 훌륭한 고소장이 될 것입니다.

범죄사실을 작성할 때는 감정적인 호소보다는 객관적인 사실을 작성하자

또한 범죄사실을 작성할 때는 직접 경험한 객관적인 사실을 토대로 작성해야 합니다. 일단 피해자니까 화가 나고, 슬픈 감정이 생기는 것은 당연합니다. 하지만 적어도 범죄사실에서 만큼은 직접 경험한 객관적인 사실을 토대로 작성하는 것을 권합니다. 여러분의 감정적인 호소 및 피해 관련 호소는 다음 항목인 ⑤ 고소이유에 작성하기 바랍니다.

⑤ 고소이유

고소 이유에는 범죄사실 외의 피고소인이 고소인에게 범행을 하게 된 이유 및 정황 등 여러 가지 배경사실에 대하여 구체적으로 작성하고, 그것을 통해 고소인이 피고소인을 고소하게 된 동기 및 사유 등 범죄사실을 뒷받침하는 내용들을 작성하여야 합니다.

나아가, 피고소인의 범행으로 고소인이 어떠한 피해를 입고, 그러한 피해의 영향이 어떻게 되는지 등에 대하여도 자세하게 작성하는 것이 좋습니다.

⑥ 증거자료

앞에서도 언급했지만, 범죄사실을 증명하기 위해서는 증거자료가 필요하지요. 양식과 같이 고소인의 진술 외에 제출할 증거가 있다면, 반드시 별지로 각 증거들을 정리하고, 그것을 제출하는 취지가 무엇인지 범죄사실과 결부하여 작성하여야 합니다.

여러분이 증거자료들을 열심히 정리하여 제출하더라도, 그 증거를 왜 제출하였는지 도대체 무엇을 증명하려고 제출한 것인지를 설명하지 않으면 수사기관으로서는 그 취지에 대해 알기 어렵습니다.

따라서, 증거를 제출할 때는 증거 명칭과 함께 그것을 제출하여 무엇을 증명하려는 것인지 되도록 구체적으로 작성할 필요가 있습니다.

사실 여러분이 가장 잘못하는 부분이 바로 증거자료 관련 부분입니다. 간혹, "수사관이 증거를 보지도 않은 것 같아요", "녹취를 들어보지도 않은 것 같아요"라고 말하는 사람들이 있는데, 증거가 제대로 정리되지 않고, 어떤 것을 증명하려는 것인지 증명취지에 대한 설명이 부족했던 것이 아닌지 다시 한번 살펴봐야 합니다.

예를 들면, 피고소인과의 2시간가량의 통화녹음이 제대로 된 특정 및 증명취지에 대한 설명도 없이 막연히 제출하면, 실질적으로 증거로서의 효용이 떨어질 수밖에 없는 것입니다.

또한, 증거랍시고 수백 장의 문서를 아무런 설명 없이 제출하면 제아무리 유능한 수사관이라 하더라도 도대체 어떤 취지로 증거를 제출하였는지 알기 어렵습니다.

증거를 제출하면서 증거를 제출해서 무엇을 증명하려는지를 명확히 밝혀야 합니다. 특히, 경제사범, 사기 범죄와 같이 불가피하게 증거자료가 많아지는 경우, 별도의 의견서를 통해 증거에 대하여 보다 구체적으로 설명해도 됩니다.

KEY POINT | **실전! 생존법**

증거는 범죄사실을 증명할 만한 자료들을 최대한 모아 일목요연하게 정리해 제출한다. 증거가 어떤 것을 증명하려는 증명취지에 대한 설명을 명확하게 작성한다.

⑦ 관련 사건의 수사 및 재판 여부

다음은, 고소장을 제출할 때 혹시 중복으로 고소된 것은 없는지 확인하기 위하여 중복 고소 여부를 체크하여야 하고, 고소장에 기재된 범죄사실과 관련된 사건 또는 공범에 대하여 다른 검찰청이나 경찰서에서 수사 중인 내용이 있는지 역시 체크하여야 합니다. 그리고, 혹시, 민사소송 중에 있다면 그 역시 체크해서 사건번호와 진행 중인 법원을 알고 있다면 기재하면 좋습니다.

고소장을 제출할 관할경찰서 찾아보기

그렇다면, 위와 같이 열심히 작성한 고소장을 어디에 제출하여야 할까요.

결론부터 설명하면, 고소장은 수사기관 어디에 제출해도 규정에 따라 모두 관할경찰서로 이송되게 됩니다. 그러니, 수사를 신속히 진행하기 위해서는 되도록 관할경찰서에 제출하는 것이 좋습니다. 여기에서 관할경찰서란, 피고소인의 주소지 내지 범죄발생지를 의미하는데, 만일, 피고소인의 주소지와 범죄발생지를 모두 모른다면 가까운 경찰서에 고소장을 접수하는 것도 좋은 방법입니다. 가까운 경찰서에 관할이 없다 하더라도 규정상 고소장의 접수를 거부할 수는 없고, 관할을 확인하여 이송해 주도록 되어 있기 때문입니다.

간혹, 고소장을 관할 경찰서가 아닌 검찰청에 제출해달라 하는 사람도 있는데 최근 몇 년 사이에 검찰이 직접 수사할 수 있는 범위가 '부패범죄'와 '경제범죄'로 축소되면서 무작정 검찰청에 고소장을 접수할 경우, 고소장이 다시 경찰서로 이송되고, 결국, 시간만 지체될 것입니다.

따라서, 피고소인의 주소지를 알고 있다면 피고소인 주소지를 관할하는 경찰서에, 피고소인의 주소지를 모른다면 그 범죄가 발생했던 주소지를 관할하는 경찰서에, 그것도 모른다면 가까운 경찰서에 접수하는 것을 권합니다.

마지막으로, 위와 같이 쭉 설명하였는데, 경찰서가 구체적으로 어떤 주소지를 관할하는지 헷갈리는 경우가 있습니다. 대표적으로, 서울 강남구는 구체적인 지역에 따라 강남경찰서, 수서경찰서 등으로 그 관할을 달리하고, 서울 서초구는 그 지역에 따라 서초경찰서, 방배경찰서 등으로 그 관할을 달리합니다. 이러한 경우에는 고민하지 말고, 각 경찰서 민원실에 전화하여 구체적인 주소를 말한 후, 해당 주소에 해당하는 관할경찰서를 물어보거나, 경찰민원포털 중 경찰관서찾기를 통해 확인하는 방법이 있습니다.

총알이 단 한발인 총이라면 함부로 쏘겠는가

제가 아직 변호사가 되기 이전에 법을 공부할 때는 고소라는 게 참 쉬워 보였습니다. 고소라는 것이 고소장만 내면 경찰에서 알아서 해주는 거 아닌가 생각하기도 했죠. 그러다가 실제로 변호사 업무를 하면서 고소 대리를 많이 해보니 형사 고소는 더욱 신중하게 해야 한다는 것을 알게 되었습니다.

하루에도 몇 명이 형사 고소를 염두에 두고 제 사무실에 찾아왔다가 사실관계를 분석해 보고는 형사 고소가 쉽지 않다는 말을 듣고 돌아가기도 합니다. 형사 고소가 무리라고 생각되는 사건에 대해서는 고소를 추천할 수 없습니다. '사건을 선임하지 말라고 하는 변호사가 있다고?'라고 한다면, 네, 사실입니다.

변호사의 입장에서 고소를 신중하게 하라고 조언하는 이유는 크게 세 가지인데요.

첫째, 고소 기회는 단 한 번이라는 것.

둘째, 그 한 번뿐인 고소 기회를 살리지 못하고 무혐의가 나오면 오히려 상대방에게 면죄부를 줄 수 있다는 것.

셋째, 무턱대고 근거 없이 고소했다가 무고죄로 얽힐 위험이 있다는 것입니다.

이렇듯, 고소는 항상 신중하게 관련 사실관계와 법리, 나아가, 현재 확보 중인 증거자료들을 검토하여 범죄의 성립 여부를 판단하여 진행하여야 합니다.

고소장을 잘 안 받으려 한다면 의심하지 말고 다시 쓰라

과거에는 우리가 어떤 사건으로 피해를 입어서 경찰서에 방문하여 고소장을 제출하려고 할 때 간혹 경찰서에서 접수를 잘 해주지 않으려는 경우가 있었습니다. 여러분이 고소장을 제출하려 경찰서에 방문하면 일반적으로 민원실에서 서류 제출하듯 서류만 제출하고 오면 되는 것이 아니라 고소장을 접수하는 담당 경찰분이 따로 존재하여 여러분이 제출하는 고소장을 검토하고, 추가 상담 등을 진행하기도 하는 것입니다. 그런데, 여러분이 고소장을 제출하려고 할 때 담당 경찰관이 고소장에 대하여 이런저런 말을 하면서 고소장을 접수해주지 않으려는 경우가 과거에는 다수 있었습니다. 사건이 수사가 되고 상대가 처벌되기를 바라는 입장에서는 속이 타고 답답할 수밖에 없고, 심지어는 의심의 눈초리로 보기도 하죠.

그러나, 이제는 '검사와 사법경찰관의 상호협력과 일반적 수사준칙에 관한 규정' 제16조의2(고소고발사건의 수리 등)의 규정에 따라 검사 또는 사법경찰관은 고소 또는 고발을 받은 경우에는 이를 수리하여야 한다는 '고소장 접수 의무'를 명시하여 여러분이 고소장을 제출하면 반드시 접수하게 되어 있기 때문에 고소장 접수를 거부하는 일은 이제는 존재하지 않습니다.

다만, 여러분이 고소장을 제출하기 위해 경찰서에 방문하여 담당 경찰관분에게 고소장을 제출하였는데 담당 경찰관이 고소장을 검토한 이후, 여러분에게 이런저런 말을 하면서 뭔가 고소장 제출을 만류하는 듯한 느낌이 있을 수는 있겠습니다.

그 이유는 명백합니다. 여러분이 제출하려 하는 고소장에 작성된 고소취지와 범죄사실만 보더라도 무혐의가 명백하거나, 죄가 되지 않는다 판단되기 때문이죠.

즉, 여러분이 고소장을 제출했는데 고소장에 기재된 내용만 보더라도 피고소인의 무혐의가 명백한 사안이 있을 수가 있습니다.

예를 들면, 상대방을 명예훼손으로 고소했습니다. 그런데 고소장의 범죄사실 내용만 보더라도 상대방이 다른 이가 아닌 나에게 개별적으로 이야기한 내용이라 '공연성'이 인정되지 않는 것이 명백한 사안인 경우가 있을 수 있습니다.

그러한 경우는 범죄사실 자체에서 이미 명예훼손죄가 성립되지 않기 때문에 수사 개시의 필요성이 없어 '각하' 불송치 결정이 나올 수밖에 없죠. 범죄사실의 내용만 보더라도 명예훼손죄가 안 되는데 굳이 여러 가지 복잡한 수사를 할 필요가 없겠지요. 이러한 경우에 수사기관에서는 '각하' 처분하게 됩니다. 무분별한 고소를 막기 위한 취지입니다.

이렇듯, 고소장에 기재된 내용만 보더라도 무혐의가 명백한 사안은 불송치 각하결정이 나올 가능성이 높기 때문에 고소장 접수 시에 담당 경찰관이 여러 가지 이야기를 하면 너무 의심하지 말고, 고소장을 다시 한번 검토해보세요. 여러분이 고소취지에 작성한 죄명과 여러분이 작성한 범죄사실을 다시 한번 더 검토하고, 관련 내용을 다시금 정리할 것을 권하는 바입니다.

다시 한번 말하지만 허술하게 만들어진 고소장은 수사 자체가 진행되지 않을 가능성이 높습니다.

KEY POINT **실전! 생존법**

고소의 기회는 한 번뿐이다. 제대로 준비하지 못해 무혐의가 나오면 오히려 상대방에게 면죄부를 줄 수 있다. 무턱대도 근거없이 고소하면 무고죄의 위험도 있다.

고소장 제출 이후의 과정은

고소장을 접수하였다면 고소인 진술을 준비하자

고소를 할 때도, 말을 잘 해야 한다는 것 알고 있나요?

고소장을 접수했더라도 고소 절차는 끝난 게 아닙니다. 고소만큼이나 중요한 절차가 남아있는데요. 바로 고소인 진술입니다. 고소인 진술은 고소장을 잘 쓰는 것만큼이나 중요합니다. 피해자 진술조서도 피의자 신문조서만큼이나 매우 중요한 증거입니다.

고소를 하게 되면 반드시 고소인으로서 진술을 하게 될 것이고요. 만약 고소인이 수사관의 요청에도 불구하고 진술을 하지 않는 경우 고소가 각하될 수도 있으니, 담당 수사관으로부터 연락이 오면 꼭 일정을 조율하여 경찰서에 출석 후 고소인 진술을 해야 합니다.

여러분이 고소장을 제출했으면, 아래 표와 같이 경찰 수사가 진행됩니다. 고소인 진술조사 시 흐름은 아래와 같습니다.

고소장을 접수하고, 담당부서 및 수사관이 배정되면 보통 1주에서 3주 사이에 담당 수사관으로부터 연락이 오는데 그때 일정을 조율하여 고소인 진술을 해야 합니다. 일정을 잡을 때는 수사관에게 가능한 일정을 여러 날 받아서 가능한 날짜에 하면 됩니다. 간혹, 고소장 접수하는 날 당일 조사를 하는 경우도 있습니다.

고소인 진술은 호소하지 말고 이해시켜라

그렇다면, 여러분이 고소인 진술을 할 때 주의해야 할 점을 알려드릴게요.

우선 범죄 피해를 당해서 너무 억울한 것은 당연합니다. 그러나, 여러분이 고소인 진술을 할 때는 담당 수사관에게 피해를 구구절절 호소하듯이 읍소하는 것보다는 여러분이 작성하여 제출한 고소장의 내용을 보다 구체적으로, 보다 이해하기 쉽게 전달하는 것에 집중해야 합니다. 반드시 진술해야 할 범죄사실 및 관련 고소 취지에 대한 내용이 우선시 되어야 하며 나머지 피해 내용을 호소하는 것은 그다음이 되어야 할 것입니다.

수사관도 사람인지라, 피해자들을 보면 마음이 쓰이고 그만큼 더 수사를 열심히 해줄 수도 있습니다. 하지만, 잘못하면 여러분이 진술해야 할 부분을 진술하지 못하고, 너무 감정에만 호소하여 제대로 된 진술이 되기 어려울 수도 있는 점을 유의하기 바랍니다. 아무래도 시간은 한정적일 수밖에 없으니, 우선 여러분이 꼭 진술을 해야 하는 범죄사실과 관련된 진술을 먼저 하고, 그다음에 여러분의 피해 및 현재 상황 등에 대하여 말하는 것이 좋습니다.

그러니 수사관에게 꼭 진술할 내용이 무엇인지 미리 생각하고, 조사 시간에는 수사관의 질문에 맞는 조사에 필요한 진술을 딱딱 맞추어 답을 하는 것이 추후 수사에서도 훨씬 유용하다는 점을 기억하기를 바랍니다.

고소인 진술을 잘 하는 법은 피의자 진술과 대부분 비슷합니다. 가장 중요한 것은 묻는 질문을 잘 듣고 답변하는 것이죠. 피의자로서 답변하는 것이라면 더 많은 것을 고려하고 답변해야겠지만, 고소인으로서 진술하는 경우에는 이미 여러분의 고소 사실과 고소취지가 고소장을 통해 제출되었기 때문에 수사관의 질문을 잘 듣고 잘 답변 하는 게 최우선입니다.

만일, 수사관의 질문을 잘 이해하지 못했다면 다시 질문 취지를 물어보고, 그에 맞는 답변을 하기 바랍니다. 간혹, 질문을 정확히 이해하지 못하고, 스스로 선의로 해석하여 답변했다가 수사의 혼선이 발생하는 경우도 있기 때문입니다.

그런데 문제는 생각보다 질문에 대한 답변을 제대로 못 하는 경우가 많습니다. 질문의 취지를 잘 이해하지 못해서 엉뚱한 답변을 하는 경우도 있고, 때로는 수사관의 질문이 내게 불리한 질문이라고 생각해서 정확한 답변을 하지 않고 에둘러 말하느라 답변이 제대로 되지 않는 경우도 많습니다.

범죄피해를 명확하게 밝히는 과정이다

제가 고소인 진술을 준비하며 항상 말하는 부분이 있습니다. 여러분은 범죄피해자이지 피의자가 아닙니다. 즉, 여러분이 고소인 진술을 할 때 목적은 여러분이 입은 범죄피해를 보다 구체적이고, 명료하게 수사기관에 밝히는 것이 목적이지, 여러분이 무엇을 잘못하여 신문을 받는 것이 아닙니다. 그러니, 그런 목적을 명확히 한 후, 진술을 하기 바랍니다.

그리고, 진술 과정에서 때로는 질문을 하는 수사관에게 이렇게 반문하기도 합니다.

"그걸 왜 나한테 물어봐요?"

내가 피해자이고 고소인인데, 왜 가해자를 수사하지 않고 피해자인 내게 따져 묻고 있는지 이해가 안 된다는 것입니다.

정말 잘못된 오해입니다. 말했듯이 피해자 진술조서는 매우 중요한 증거입니다. 나중에 법정에 가게 되면 이 진술조서는 오히려 고소장 보다도 더 중요한 증거가치가 있을 수 있습니다. 그러니 막연히 피해자에게만 유리하게 작성해 줄 수도 없습니다. 따라서, 고소장에 기재된 내용 중 내용의 공백이 있거나, 이례적인 상황이라 생각되는 부분이 있는 경우는 수사관으로서는 당연히 물어볼 수 있는 것입니다.

즉, 고소장에 그러한 부분이 있는지 검토하여 사전에 준비하는 것은 당연시되어야 할 것입니다. 여기서 준비한다는 것은, 고소 사실과 관련하여 수사관이 이례적인 상황이라 판단할 수 있는 부분, 내용의 공백이 있는 부분 등을 잘 포착하여 실제 사실관계에 따라 잘 정리하여 진술하여 수사관이 이해할 수 있도록 하여야 한다는 것입니다.

또 지금 고소인에게 묻는 질문은 나중에 피고소인이 이런저런 항변을 할 것을 예상해서 그 항변에 대해서도 수사관이 바로 따져 물을 수 있도록 미리 내용을 확인하고 물어볼 수도 있습니다.

예를 들어, 고소인이 피고소인을 특수 상해로 고소한 상황입니다. 특수 상해가 성립하려면 가해자가 위험한 물건을 이용하여 피해자를 폭행하여 신체에 상해를 입은 경우이어야 합니다. 이때 몸에 상처가 난 사실은 상해진단서 등을 통해 명확히 입증할 수 있는데, 위험한 물건을 이용한 것인지에 대해서는 수사관도 확인해 보아야 합니다. 정말 위험한 칼이나 야구방망이, 골프채 등을 휘둘러 때린 것인지, 아니면 기타 다른 애매한 물건으로 때린 것인지 확인해볼 것입니다.

만일, 폭행의 도구가 휴대폰이라면, 그 휴대폰을 폭행의 도구로 사용하는 방법에 따라서 위험한 물건으로 사용한 것인지 달라질 수 있기 때문에 폭행범행의 방식도 중요해집니다. 모서리로 찍듯이 때린건지 면을 이용해서 툭툭 때린 건지 모두 다른데 나중에 가해자 입장에서는 또 자기에게 유리한 쪽으로 상황을 설명할 것이기 때문에 이를 대비해서 당시 상황에 대한 상세한 묘사를 물어보는 것입니다.

그런데 여기서 '그걸 왜 나한테 물어봐요. 어떻게 때렸는지는 가해자에게 물어보세요.' 이렇게 나와버리면 수사관으로서는 고소인 진술의 신빙성에 대하여 의심할 수밖에 없겠지요.

그러니, 이렇게 여러분의 고소장을 검토하여 수사관이 의문을 가질 부분에 대하여 포착하고, 해당 내용의 답변을 잘 준비하면 원활한 고소인 진술이 될 것입니다.

물론, 애초에 고소장의 사실관계 및 법리 관련 검토가 잘 되어 작성되었다면, 고소장의 기재된 내용 외에 크게 추가로 진술할 부분이 없을 것입니다. 이러한 경우에는 고소장을 토대로 진술하되, 해당 범죄 사실을 알게 된 계기와 같은 부분을 더 충실히 진술하고, 증거에 대한 구체적인 설명을 보강하는 취지로 진술하면 될 것입니다.

수사관이 추가 요청하는 증거를 제출하자

이렇게 고소인 진술을 하고 나면, 수사관이 증명의 필요한 추가 자료를 요청할 수도 있으니, 잘 메모해 두었다가 자료를 정리하여 제출할 필요가 있습니다. 또는, 사안이 복잡하여 추가로 법리적인 검토가 필요하다 판단이 되면 의견서로 만들어 제출할 필요성도 있습니다.

그리고 만일, 고소장을 접수할 때 누락한 증거자료가 있다면 고소인 진술 시 함께 지참하면 좋습니다. 간혹 고소장을 제출할 때 급한 마음이 앞서 증거자료를 마구잡이로 제출하는 경우가 있습니다. 그럴 때 증거자료를 수사관이 이해하기 쉽게 다시금 정리하여 의견서로 작성할 필요가 있습니다.

맛있는 식당에 갔을 때, 메인 메뉴가 식탁 중앙에 잘 보이게 놓여야 되는 것처럼 고소할 때는 제일 중요하다고 생각되는 핵심 증거가 먼저 잘 제시되어야 하고, 갖가지 밑반찬이 어울리게 놓여있는 것처럼 핵심 증거들을 뒷받침할 다른 증거들이 제시되어야 하는 것입니다. 잘 정돈된 보기 좋은 식탁이 먹기도 좋은 것처럼 증거들도 잘 정리가 되어 있어야 범죄사실을 증명하는 데 있어서 훨씬 유리하다 할 것입니다.

고소인 진술은 매우 중요하고, 형사 절차 전체에서 중요한 증거가 되는 자료입니다. 그렇다고, 너무 부담감을 느끼실 필요도 없습니다.

여러분이 성심성의껏 작성한 고소장을 수사관이 이해하기 쉽게 설명하고 온다고 생각하면 한결 마음이 편해지실 것입니다.

고소 이후 전체적인 흐름을 알아보자

여러분이 고소장을 제출하면, 위에서 알아본 바와 같이 고소인 진술을 하게 될 것이다. 그리고나서 여러분의 고소장 및 진술을 토대로 피의자 신문을 진행할 것입니다.

그런 다음, 주요 사실관계에 대하여 쌍방의 진술이 대립되는 부분이 있다면, 대질조사가 진행될 수도 있고, 혹시, 필요한 경우, 거짓말탐지기 조사로 불리는 '폴리그래프 조사', 휴대폰의 주요 내용들을 복구하는 '디지털 포렌식 조사', 혹은 다른 제3자에 대한 참고인 조사 등을 진행하여 피고소인에 대한 범죄사실의 인정 여부를 판단하게 될 것입니다.

만일, 수사관이 위와 같은 수사를 마친 이후, 피고소인의 범죄사실을 인정할만한 증거가 충분하다고 판단하면, 경찰 단계에서 검찰로

'송치결정'을 할 것이고, 검찰은 송치된 사건에 관하여 혐의가 있다 판단되면 '기소', 혐의가 없다 판단되면 '불기소'를 할 것입니다.

반면에 수사관이 위와 같은 수사를 마친 이후, 피고소인의 범죄사실을 인정할만한 증거가 부족하다고 판단하면, 경찰 단계에서부터 '불송치결정'을 할 것입니다.

경찰 단계에서의 수사의 전반적인 흐름은 아래 표와 같습니다.

경찰 수사 절차 개요

고소장 제출 → 고소인(피해자)진술 → 피의자 신문
→ 기타 보강 수사 → 송치 내지 불송치

고소장을 접수하여도 자신의 의도대로 매끄럽고 순조롭게 진행되는 경우는 생각보다 적습니다.

그것은, 고소를 당한 피고소인이 범죄사실을 그대로 인정할 가능성이 작기 때문이고, 그 과정에서 여러 가지 항변을 할 것이기 때문입니다. 또한, 증거자료가 부족하거나, 상대방의 항변이 나름 합리적이어서 범죄혐의가 없다는 쪽으로 심증이 기우는 경우도 생길 수도 있습니다.

변호사로서 사건을 담당하다 보면 수사 단계에서는 변수가 정말 많고 유형도 다양하기 때문에 사건이 일률적으로 진행되지 않아 예측이 가지 않는 경우가 많습니다. 사건 사건마다 수사방식도 다르고 수사관의 성향도 천차만별이기 때문입니다. 그럴 때마다 저희도 그때그때 상황에 맞추어 적극적으로 대응해야 고소의 취지대로 진행될 가능성이 높은 것입니다.

만약 수사가 의도대로 흘러가지 않는 것 같을 때는 일단 왜 그런 상황이 되었는지부터 분석해 보아야 합니다. 사실관계에 대해서 오해가 있다면 보다 객관적이고 정확한 사실관계를 보강해야 할 것이고, 법리적인 문제가 있다면 법리검토 의견서를 통해 보완해야 할 것입니다.

이렇게, 노력을 다해서 '송치 결정'이 나왔다면 고소가 잘 풀린 것이고, '불송치 결정'이 나왔다면 고소가 잘 안 풀린 것입니다. 그렇다면, 다음에서는 고소가 잘 풀렸을 때의 대응 방법과 고소가 잘 안 풀렸을 때의 대응 방법을 나누어 살펴보도록 하겠습니다.

잠깐! 합의금도 받지 않고
고소를 취하하지 마세요

지금까지 우리는 고소 절차를 진행하기 위해 정말 큰 노력을 기울였습니다.

그런데 여러분이 피고소인의 말만 믿고 합의해주다가 실수로 지금까지 노력이 허사로 돌아가고 다시 고소하기 힘든 상황이 되어버릴 수 있습니다. 대표적으로, 여러분이 피고소인으로부터 합의금도 현실적으로 받지 않은 상태에서 약속만을 철석같이 믿고 합의해주어 고소를 취하하는 경우가 있습니다. 여러분이 고소를 한 상황에서 절대 하면 안 되는 행동입니다.

피고소인들의 핑계는 너무나 많습니다. "합의만 해주면 내년에 갚겠다", "이 형사 사건 때문에 지금 사업을 제대로 운영할 수 없으니깐 고소를 취하해주면 꼭 갚겠다", "뭐 팔리면 갚겠다."

모두 아무 소용도 없는 말입니다. 힘든 고소 절차를 거쳐 겨우 고지가 눈앞인데 다시 원점으로 돌아가는 것과 마찬가지입니다.

가끔 이렇게 물어보는 분들이 있습니다.

"가해자가 고소를 취하하지 않으면 합의금을 주지 않을 거래요."

정말 끝까지 피해자를 농락하고 괴롭히는 소리입니다. 오히려 고소를 취하해주고 변제를 유예해주면 다시는 돈을 받을 길이 없어질 가능성이 높습니다.

생각해보십시오. 피고소인의 입장에서 확인해 보세요. 자신의 말에 다시금 현혹되어 고소를 취하해주는 사람과 우직하게 고소 절차를 진행해서 끝까지 가해자를 처벌하겠다는 사람이 있습니다. 감옥에 안 가려면 둘 중에 누구와 합의를 할 긴박한 마음이 들까요?

고소를 취하해주지 않아서 돈을 안 줄 사람이라면 애초에 돈을 갚을 생각이 없는 사람이었다고 보아야 합니다. 처음부터 돈을 갚을 생각이 없으면서도 끝까지 피해자를 우롱하면서 형사 책임을 피해 보려고 하거나 어떻게든 시간을 벌어보려는 시도입니다.

KEY POINT | **실전! 생존법**

합의금도 받지 않고 고소를 취하하면 모든 기회가 끝난다.

'다시 고소하면 안 돼요?'

일단 한번 고소를 취하하고 나면 다시 같은 죄목으로 다시 고소하는 것은 매우 어렵습니다. 그러니 무슨 일이 있더라도 합의금을 실제로 받기 전에는 합의서를 써주거나 고소를 취하해주어선 절대 안 됩니다.

CHAPTER

5

고소가 잘 풀리면 민사소송으로 가자

고소와 민사는 세트 메뉴이다

고소를 해서 만일 피고소인이 형사처벌을 받게 되면 민사소송 역시 승소 가능성이 상당히 높으므로 진행할 수 있다는 의미입니다.

그럼, 여기서 많은 사람이 형사 고소와 별개로, 민사소송은 언제 진행해야 하는지 궁금할 것입니다. 결론부터 설명하자면, 내가 민사소송에서 무엇을 청구하느냐에 따라 다릅니다.

우선, 여러분이 상대방에게 속아서 돈을 1억 빌려줬는데 갚지 않아 사기죄로 고소한 경우를 예를 들어 보겠습니다.

그렇다면, 여러분이 상대방에게 할 수 있는 민사소송은 대여금 청구와 상대방의 사기로 인한 불법행위에 기한 손해배상청구가 있을 수 있습니다. 예를 들어 드린 사건의 경우에는 피고소인에게 돈을 빌려준 것이 명확하다면 굳이 고소의 결과를 살펴보고, 민사소송을 진행할 이유가 없습니다. 피고소인에게 대여금 청구를 할 수 있기 때문에 바로 하면 되는 것입니다. 불법행위에 기한 손해배상청구를 하여 승소하기 위해서는 높은 확률로 피고소인에 대한 처벌이 필요합니다. 그런데, 형사 절차는 고소 단계부터 경찰수사 단계, 검찰 단계, 법원 단계까지 하면 그 시간이 상당히 소요되기 때문에 이렇게 바로 불법행위에 기한 손해배상 외의 다른 대여금이라든지, 약정금이라든지, 물품 대금이라든지 청구할 수 있는 소송물이 있다면 바로 민사소송을 진행하는 것을 권해드립니다. 요약하면, 바로 민사소송을 할 수 있는 근거가 있다면 굳이 형사 절차를 기다리지 말고 바로 민사소장을 접수하라는 것입니다.

또 다른 예를 들어 보겠습니다. 여러분이 상대방으로부터 폭행을 당해 치아가 파손되어 수술을 했고, 상대방 역시 자신이 여러분을 폭행한 것은 인정하고 있는 상황에서 상대방에 대하여 상해죄로 고소한 경우를 예를 들어 보겠습니다.

이러한 경우에는, 여러분이 상대방으로부터 폭행을 당한 사실은 명백하고, 이로 인하여 큰 피해를 입은 사실 역시 명백하며, 나아가, 상대방 역시 자신이 여러분을 폭행한 사실을 자백하므로 상대방이 처벌받을 가능성이 상당히 높을 것입니다. 이러한 경우, 역시 고민하지 말고 바로 불법행위에 기한 손해배상청구를 하여도 크게 문제되지 않을 것입니다.

다만, 위 사례들과 달리, 불법행위에 기한 손해배상청구 외의 다른 민사소송을 할 수 있는 근거가 없고, 상대방이 자신의 범죄사실을 강하게 부인하여 불기소의 가능성도 존재한다고 판단 되는 경우에는 저희는 일반적으로 검사의 공소제기 이후 민사소송을 권유하는 편입니다. 더 안전하게는 법원의 형사 판결이 확정되고 나서 진행하는 경우도 있으나, 검사의 공소제기 이후 유죄판결의 가능성이 높은 점을 토대로 하였을 때 일반적으로 검사가 기소하면 민사소송을 할 것을 권유합니다.

마지막으로, 불법행위에 기한 손해배상청구는 민법 제766조에 따라 피해자나 법정대리인이 손해 및 가해자를 안 날로부터 3년 내 또는 불법행위시부터 10년 내에 손해배상청구 등 권리행사를 하지 않으면 손해배상청구권이 소멸되며, 위 기간 중 먼저 도래한 시점을 기준으로 권리가 소멸됩니다.

민법 제766조 (손해배상청구권의 소멸시효)

① 불법행위로 인한 손해배상의 청구권은 피해자나 그 법정대리인이 그 손해 및 가해자를 안 날로부터 3년간 이를 행사하지 아니하면 시효로 인하여 소멸한다.

② 불법행위를 한 날로부터 10년을 경과한 때에도 전항과 같다.

따라서, 일반적으로 손해 및 가해자를 안 날로부터 3년 내에 손해배상청구 민사소송을 제기하여야 하는데, '손해 및 가해자를 안 날'의 의미에 대하여 구체적인 사례에 따라 나뉘고, 큰 쟁점이 될 수 있으나, 여러분은 우선 안전하게 가장 앞선 기준일인 사건발생일을 기준으로 3년 안에 민사소송을 제기한다면 어떤 경우에도 다툼의 여지가 없을 것입니다.

위와 같은 내용들을 요약하면, 다음과 같습니다.

첫째, 상대방에게 불법행위에 기한 손해배상청구 외의 민사소송을 할 다른 근거(예를 들면, 대여금 청구, 약정금 청구, 보증금반환청구, 물품대금 청구 등)가 있으면 고민하지 말고 바로 민사소송절차를 진행해라.

둘째, 증거가 충분하고, 상대방이 범죄사실을 인정하는 등 상대방이 처벌받을 가능성이 명확하면 바로 민사소송을 진행해라.

셋째, 상대방이 범죄사실에 대하여 강력히 부인하는 등 상대방에게 불기소의 가능성도 존재하는 경우에는 검사의 공소제기 이후 민사소송을 진행해라. 이때 법원으로부터 공소장에 대한 기록열람복사를 신청하여 발급받아 입증자료로 제출하면 좋다.

넷째, 범죄발생일로부터 3년이 넘어갈 것 같으면 3년이 넘어가기 전에 불법행위에 기한 손해배상청구를 하는 것이 안전하다.

형사 피해의 해결 방법은 민사소송이다

형사 사건에서 피해를 입은 후, 그 가해자가 적절한 합의금을 제시하고 피해보상이 이루어지면 그나마 다행입니다. 그런데 사회에는 가해자 측에서 뻔뻔하게 나온다거나 배째라고 나오고 피해 회복을 위해 노력할 의사가 전혀 없어 보이는 경우가 꽤 있습니다. 예를 들어서 벌금을 받거나 징역 가서 몸으로 때우거나 하겠다고 나오는 것입니다. 사실 피해자의 입장에서는 이 사람이 처벌받는 것도 중요하고 재범을 방지하는 것도 중요한데, 피해 회복 역시 매우 중요합니다. 특히 사기와 같은 경제사범의 경우 더욱 그렇습니다.

그런데 가해자가 합의 노력도 하지 않고 변제도 하지 않게 되면 결국, 이 문제의 원칙적인 해결 방법은 민사소송입니다.

참고로, 형사 피해보상을 위하여 형사배상명령신청과 같은 제도 역시 존재하나, 경제사범과 같이 그 피해 금액이 명확히 떨어지는 경우 외에는 인용의 가능성이 높지 않고, 설사, 피해 금액이 명확하다 하더라도 이자를 지급받기 어려운 점들을 고려하였을 때 결국 근원적인 해결 방법은 민사소송입니다. 다만, 민사소송이 여러 가지 측면에서 부담스러운 사람은 형사배상명령신청 제도도 꼭 고려해 보기 바랍니다.

어쨌든 결론적으로 현재 형사 사건의 피해자가 피해를 보상받을 수 있는 가장 원칙적이면서도 실효적인 수단은 결국 민사소송입니다. 그런데 민사소송은 한가지 문제가 있는데 바로 절차적으로 어렵다는 것입니다. 최대한 쉽게 설명하려 해도 민사소송은 어렵습니다. 기본적으로 민사소송은 소송을 시작하는 사람이 원고가 되어 소장을 접수하고 송달하는 절차를 진행해야 합니다. 이때 당연히 소송을 시작하는 사람은 피해자인데 결국 피해자가 소송 절차를 준비하고 송달까지 완수하지 않으면 소송이 시작부터 어렵습니다. 또 민사소송에서 손해의 발생과 그 손해 금액은 구체적으로 입증해야 하고 그 입증의 책임 역시 원고에게 있습니다. 이 역시 피해자에게 맡겨져 있는 것이죠. 특히 상대의 불법행위로 인해 얼마만큼의 손해액을 입었는지에 대한 손해액의 입증이 생각보다 매우 어렵게 느껴질 수 있습니다.

'그냥 대충 1억쯤 써서 청구하면 되는 거 아닌가?'

전혀 아닙니다. 그 금액이 나온 구체적인 근거를 1원 단위까지 계산해서 청구해야 재판부에서 인정해주는 것이지 대충 많이 청구한다고 인정된다면 대한민국에 변호사가 필요하지 않을 것입니다. 정말 대충 1억 원을 청구해 놓고 아무런 입증을 하지 않으면 '원고의 청구를 기각한다'는 판결문을 받게 될 것입니다.

그럼 어떻게 입증하고 어떻게 준비해야 하나

일단 민사소송의 제목이라고 할 수 있는 소송물은 '불법행위에 기한 손해배상'입니다. 그러니 '불법' 행위를 입증하고 '손해'를 입증해야 '배상'이 나오는 것이겠죠. 하나하나 설명하겠습니다.

일단 '불법'은 전형적으로 형사 고소하여 처벌받았는지가 중요합니다. 간혹 형사와 무관하게 민사만 진행하는 경우도 있기는 있습니다만 기본적으로는 형사적인 절차를 진행한 후, 검찰에서 기소했다든가 해서 어느 정도 처벌받는 것이 거의 확실하고 윤곽이 드러나는 시점에 민사소송을 시작하게 됩니다.

그러니 불법행위는 전형적으로 형사 판결문으로 입증하게 됩니다. 그렇다면, 가해자에 대한 판결문은 어디서 받을 수 있을까요? 여러분이 고소한 고소인이라 하더라도 피고소인에 대한 형사판결문을 여러분에게 바로 주는 것이 아닙니다. 여러분이 직접 신청해야 하는 것입니다. 만일, 피고소인에 대하여 형사판결이 확정되었다면 인근 검찰청 민원실로 방문해서 판결등본 교부신청을 하여 받아볼 수 있고, 만일,

상소기간 중으로 확정되지 않은 상태라면 선고를 한 법원에 방문하여 받아볼 수 있습니다.

손해액은 또 어떻게 입증하나요? 우리나라 법에서 손해는 3가지로 나누고 있습니다. 들어본 사람도 있겠지만 대부분 무슨 소린가 싶은 사람이 많을 텐데요. 적극손해와 소극손해, 그리고 정신적 손해로 나뉘어 있죠. 어렵게 생각할 것 없이 적극 손해는 불법행위로 인해서 써야만 했던 손해로, 대표적으로 치료비, 입원비 등이 있습니다. 그러니 상해진단서, 진료기록 등과 함께 진료비 영수증 등을 준비하면 됩니다. 소극손해가 이해하기 힘들 수도 있는데요. 불법행위로 인해서 얻을 수 있었던 이익을 못 얻은 경우를 말합니다. 쉽게 말해 범죄피해 때문에 일을 못 해서 돈을 못 벌었다든가 하는 것이죠. 그렇다고 무한정 가능성만으로 인정되지는 않으니 개연성이 있는 손해를 주장하고 입증해야 합니다.

마지막으로 위자료라고도 불리는 정신적 손해입니다. 여러분이 범죄피해로 인해 얼마나 정신적 고통을 겪었는지를 법원에 호소하여 그에 대한 손해를 청구하는 것입니다. 정신적 고통이란 것은 사실 숫자로 계산하기 어렵고 이 부분만은 손해에서 판사님의 재량의 여지가 많습니다. 일반적인 경우에 비추어 더 받아야 하는 이유에 대해서 여러분의 사정을 잘 정리하여 진술하고, 관련 증거를 정리하여 제출하기 바랍니다. 만약 범죄피해로 인하여 정신과 진료를 받으신 내역이 있다면 이는 위에서 말한 적극 손해이면서 동시에 위자료 산정에 참작할 만한 사정이기도 할 것입니다. 그러니 범죄피해로 인한 고통은

참지 마시고 미리미리 잘 치료받아서 증거로 남겨 두는 것이 소송에서는 중요합니다.

저희는 형사 고소와 결부된 민사소송과 관련해서는 이 정도로 설명할 수 있을 것 같고, 더 구체적인 내용은 사안마다 다르기 때문의 별도의 법률상담을 통해 검토를 받아보실 것을 권해드립니다.

CHAPTER

6

고소가 안 풀렸을 때 대응 방법

아직 끝나지 않았다
불송치 이의신청, 불기소 항고, 재정신청

수사기관에서 수사를 해 보았더니 범죄사실을 증명할 자료가 부족하다고 판단하게 되면, 경찰은 '불송치' 결정을 하게 됩니다.

그러나, 경찰로부터 불송치 결정을 받더라도 여러분은 이의신청을 할 수 있습니다.

경찰이 불송치를 결정하여, 해당 결정에 대하여 이의신청을 하면 바로 사건이 검찰로 송치 되게 됩니다. 이후, 검사가 송치된 해당 사건에 대하여 수사 기록을 검토했는데 수사의 미진한 부분이 있다고 판단되면 이를 관할경찰서로 이송하면서 '보완 수사 요구' 처분을 할 수도 있습니다. 쉽게 말해서 '기소 여부를 판단하기에 이런저런 부분에 대해서 수사가 부족했던 부분이 있으니 보완 수사를 해달라'라는 의미입니다. 혹은, 검사는 송치받은 기록을 토대로 기소 여부를 판단하기 충분하면 바로 기소 내지 불기소 처분을 하게 됩니다.

여러분이 만일 검사로부터 불기소 처분을 받게 될 경우, 이번에는 '항고'를 할 수 있습니다. 처분검사의 상급관청에 해당하는 다른 검사로부터 다시금 판단을 받기 위함인 것입니다.

그리고, 여러분이 불기소 처분에 대하여 '항고'를 했음에도 불구하고, 만일, '항고기각' 결정을 받게 되면, 이번에는 법원을 통해 판단을 받는 '재정신청'을 할 수 있습니다.

다음에서는 경찰의 불송치 결정에 대한 이의신청, 검찰의 불기소 처분에 대한 항고, 항고기각에 대한 재정신청에 대하여 알아보도록 하겠습니다.

불송치 이의신청
절대 급하게 하지 마라

여러분이 경찰로부터 불송치결정을 받게 되면, 불송치결정을 한 이유에 대해서 자세히 기재 되어있을 것입니다. 혹시나, 불송치결정만 있고, 불송치결정을 한 이유에 대하여 기재되어 있지 않으면 관할경찰서에 연락하여 불송치이유를 확인하여야 합니다.

경찰의 불송치에 대한 이의신청은 현재 규정상으로 항고, 재정신청과는 다르게 신청 기간이 정해져 있지 않습니다. 따라서, 아직 공소시효만 남아있다면 이의신청을 할 수 있는 것입니다. 그렇다고, 너무 늦게 이의신청을 하면 증거의 소실 등의 문제로 불리할 수 있으니, 되도록 1개월 이내에 하는 것이 좋으나, 저희가 이 말을 하는 이유는 너무

성급하게 이의신청을 하지 말라는 것입니다. 여러분의 다급한 마음은 이해합니다만 불송치 이유를 정확히 검토하지 않고, 이의신청 이유를 부실하게 기재한다면, 검찰로 사건이 송치되더라도 불기소 처분이 나올 가능성이 상당히 높습니다.

시간을 앞으로 조금 돌려보겠습니다. 여러분은 고소장을 열심히 작성해서 경찰서에 접수시켰을 것입니다. 그런데 그 고소장으로 수사를 해보니 범죄사실을 증명하기 어려워서 불송치를 한 것입니다. 더 구체적인 내용은 불송치 이유를 확인해보면 될 것입니다.

불송치 이의신청 어떻게 해야 할까

경찰의 불송치 결정에 대한 이의신청서 양식은 다음페이지와 같습니다.

다음 양식에서 가장 중요한 부분은 바로 '이의신청 이유'입니다.
여러분이 이의신청 이유를 작성할 때는 불송치 결정을 한 '불송치 이유'를 살펴보며, 그에 대하여 반박하는 취지로 작성하여야 합니다.

예를 들어, 경찰이 불송치 결정을 한 근거를 살펴보니, 이런 부분을 확인하여야 하는 내용에 대한 수사가 빠져있다. 피고소인의 진술만을 토대로 판단하였는데 대질조사가 누락되었다는 등 수사적인 부분에서 누락되었다는 부분을 열거하여 '수사미진'을 주장할 수 있습니다.

또한, 불송치 이유서를 확인해보니 실제로는 이런 일이 발생했음에도 불구하고, 다르게 판단한 잘못이 있다는 취지의 사실오인과 관련

불송치 결정 이의신청서

☐ **신청인**

성 명		사건관련신분	
주민등록번호		전 화 번 호	
주 소		전자우편	

☐ **경찰 결정 내용**

사 건 번 호			
죄 명			
결 정 내 용			

☐ **이의신청 이유**

☐ **이의신청 결과통지서 수령방법**

종 류	서 면 / 전 화 / 팩 스 / 전 자 우 편 / 문 자 메 시 지

．　．　．

신청인　　　　(서명)

소속관서장 귀하

된 내용을 정리하여 주장할 수도 있습니다.

그리고, 마지막으로는 고소 취지에 해당하는 죄명에 대한 법리 판단에 잘못된 부분이 있다면 해당 규정과 판례 등을 제시하여 관련 내용을 주장할 수도 있습니다.

이렇게, 크게 세 가지 정도로 나누어 해당하는 부분이 있다면, 최대한 자세하게 열거하여 작성하는 것이 좋습니다.

예를 들면, 아래와 같습니다.

1. 법리 오해(특수 상해)

핸드폰이라 하여도 사용 용법에 따라 단단한 부위를 이용하여 가격할 경우 형법상 특수 상해죄에서 말하는 '위험한 물건'에 해당할 수 있다는 것이 법원의 일관된 법리임에도 핸드폰의 평소 용도가 위험한 물건이 아니라는 점만을 들어 위험한 물건이 아니라고 판단하였습니다.

2. 사실 오인(사기)

높은 수익률을 약속하고 투자를 받은 뒤, 약속한 부동산 구매 용도로 사용하지 않고 가상화폐 코인에 임의로 소비하여 편취의 고의를 충분히 인정할 수 있음에도 부동산 구매 용도를 약속한 사실이 없다는 피의자의 항변만을 근거로 객관적 사실과 다른 상황을 전제로 편취 고의를 인정하기 어렵다고 판단하였습니다.

3. 수사 미진(쌍방폭행)

고소인은 일방적으로 폭행을 당하였을 뿐, 대응하여 반격한 사실은 없기에 대질 조사 및 거짓말탐지기 조사 등에 적극적으로 응하고자 하였으나, 진술이 엇갈림에도 불구하고 이러한 대질조사 없이 수사를 종결하여 수사에 미진함이 있습니다.

불기소 처분에 대한 불복방법 - 항고

불송치가 되어 이의신청을 하면, 검찰로 송치가 되고, 검찰에서 판단하여 불기소 처분을 하게 되면 여러분은 이제 '항고' 절차로 대응할 수 있습니다.

검찰의 불기소 처분에 불응하는 고소인, 고발인은 불기소 처분 통지를 받은 날부터 30일 이내에 그 검사가 속한 지방검찰청 또는 지청을 거쳐 서면으로 고등검찰청 검사장에게 항고할 수 있습니다. 여기에서 중요한 것은 여러분이 불기소 처분 통지를 받은 날부터 반드시 30일 안에 항고장을 제출하여야 한다는 것이고, 나아가, 해당 항고장은 원처분 검찰청, 즉, 여러분에게 불기소 처분을 한 검찰청에 제출해야 하는 것입니다.

불기소 이유서 확인하는 방법

여러분이 항고장을 작성하기 위해서는 앞서 살펴본 불송치 이의신청 시와 유사합니다. 즉, 항고이유를 정확하고, 명백하게 작성하여야 하는데 그 방식 역시 불기소 처분을 한 불기소이유서를 살펴보고, 그에 대하여 반박하는 취지로 작성하면 됩니다.

그럼, 검사의 불기소 이유서를 확인하는 방법을 알아보도록 할 텐데요. 검사의 불기소이유서는 불기소 처분결과 통지와 함께 첨부되어 오는 경우는 거의 없고, 여러분이 직접 발급받아야 합니다.

불기소이유서를 발급받는 방법으로 여러 가지 방법이 있지만, 저희가 추천하는 방법은 직접 인근 검찰청에 방문해서 발급받는 방법입니다. 불기소이유서는 관할 검찰청에 방문할 필요 없이 인근 검찰청에 방문해서 발급신청하면 당일에 발급받을 수 있으니, 항고 기간이 30

일임을 고려할 때 인근 검찰청에 방문해서 직접 발급받는 것을 권해 드립니다.

그리고, 불기소이유서에는 상당수가 기존 불송치이유서를 원용하는 경우가 많으니, 기존에 받았던 불송치이유서도 분실하지 마시고, 잘 보관하길 바랍니다.

이제 불기소이유서를 확인했으면, 불기소이유서에 기재된 내용을 반박하는 취지로, 앞서 말한 바와 같이, 법리적으로 잘못 판단한 부분이 있는지, 사실관계를 잘못 파악한 부분이 있는지, 수사적으로 부족한 부분이 있는지를 꼼꼼히 검토해 자세히 내용을 작성하기 바랍니다.

특히, 저희의 경험상 경찰수사과정과 검찰 단계에서의 일련의 과정 중 수사적으로 부족한 부분과 그로 인하여 사실적으로 잘못 판단된 부분들을 연결시켜 작성하는 것이 항고가 인용될 가능성이 높았습니다. 그러니, 사실관계 중 잘못된 부분을 명확히 기재하고, 수사 과정 중 어떠한 부분을 통하여 그러한 사실관계가 잘못되었음을 확인할 수 있는지 기재한다면 항고인용의 가능성을 보다 높이는 방법이 될 것입니다.

항고기각 결정에 대한 불복 - 재정신청

위와 같이, 항고를 했음에도 불구하고, 항고기각 결정을 받게 되면 여러분은 재정신청 제도를 통하여 다툴 수 있습니다. 재정신청은 검사의 불기소 처분에 불복하여 그 불기소 처분의 당부를 판단해 달라고 법원에 신청하는 제도를 의미합니다.

보다 구체적으로, 고소권자로서 고소를 한 자는 검사로부터 공소를 제기하지 아니한다는 통지를 받은 때에는 검찰청법에 따른 항고절차를 거쳐 그 검사 소속의 지방검찰청 소재지를 관할하는 고등법원에 그 당부에 관한 재정을 신청할 수 있는데, 재정신청을 하려는 자는 항고기각 결정을 통지받은 날부터 10일 이내에 지방검찰청검사장 또는 지청장에게 재정신청서를 제출하여야 합니다(형사소송법 제260조).

여기서 중요한 것은, 항고기각 결정 통지를 받은 날부터 10일 이내에 재정신청서를 제출하여야 한다는 것이고, 또 한 가지는 제출기관이 여러분에게 처음 불기소 처분을 통지한 지방검찰청 또는 지청에 제출하여야 한다는 것입니다.

예를 들어, 여러분이 수원지방검찰청으로부터 불기소 처분을 받아 수원지방검찰청에 항고장을 제출하여, 추후, 수원고등검찰청으로부터 '항고기각 결정' 통지를 받았다면 여러분은 다시 '수원지방검찰청'에 재정신청서를 접수하여야 합니다. 수원고등검찰청도 아니고, 수원고등법원도 아닌 수원지방검찰청에 제출하여야 하는 것입니다.

여러분이 재정신청서를 작성할 때도 항고장 및 불송치결정에 대한 이의신청서를 작성할 때와 유사하게 재정신청을 하는 이유를 명확히 검토하여 작성하여야 합니다.

마무리하며

지금까지 여러분이 고소할 때 조금이나마 도움이 되기 위한 생존법들을 설명하였습니다.

고소라는 것은 너무나도 힘든 과정이고, 큰 결심을 통해 진행되기에 저희가 설명한 생존법들이 여러분에게 조금이나마 도움이 되었으면 좋겠습니다.

---- 고소의 기술 ----

중요 실전 사례로 대비하자

O 연예범죄는 형법상 명예훼손, 사이버 명예훼손을 살펴보고 스토킹처벌법의 잠정조
치로 벗어나자 O 시비가 붙으면 폭행죄, 상해죄, 공무집행방해죄를 조심하자 O 사기
를 당했으면 사기죄의 변제능력 사기, 용도 사기를 검토하자 O 전세사기는 예방법
을 숙지하자 O 리뷰 때문에 고소 당하면 업무방해죄, 명예훼손죄의 특정성을 판단하
라 O 뺑소니로 신고 당하면 사고 인지 여부와 후속조치로 판단한다

PART

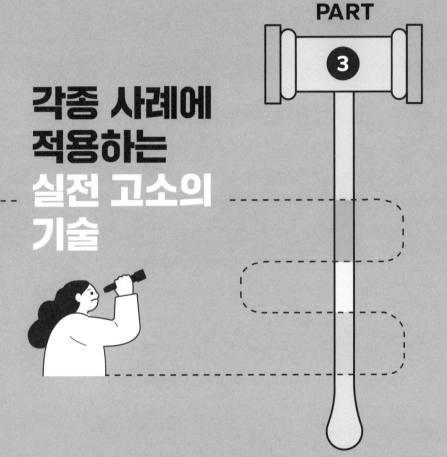

**각종 사례에
적용하는
실전 고소의
기술**

연애 범죄 즉각 조치하는 법

최근 상담 사례 중 몹시 놀라운 사례를 소개합니다.

한 여성이 어느 날 법률 상담을 와서 거의 상담 내내 울면서 이야기했습니다. 그러면서 정신적 고통을 호소해서 자세한 내용을 들어보았습니다. 오른쪽 사례의 내용을 먼저 살펴 보겠습니다.

이 이야기를 듣고 법적으로 할 수 있는 모든 수단을 동원해서 피해자에 대한 보호조치를 하고 이 가해자를 처벌하겠다고 설명했습니다.

우리 주변의 여러 사람들도 이런 악플이나 괴롭힘을 받으면서 고통받고 또 고민하고 있는 사람들이 많이 있을지도 모릅니다. 특별히 나누어 대응하는 이런 범죄에 대응하는 방법을 설명하려고 합니다.

일단 이런 유형의 범죄행위에 대한 죄목은 크게 두어 가지로 나눌 수 있습니다. '형법상 명예훼손죄'와 '스토킹처벌법' 위반입니다.

특히 스토킹처벌법과 관련해서 주의 깊게 보아야 합니다. 최근에는 연예인뿐만 아니라 일반인에게도 집에 불쑥 찾아오거나 연락을 반복

전 남자친구의
연애범죄

협박 메시지
기괴한 욕설
신체 협박
가족 협박
회사 악플
성희롱

여성 A씨는 최근 전 남자친구로부터 괴롭힘을 받고 있다고 했습니다. 처음에는 대수롭지 않게 생각되었는데요, 구체적인 내용을 듣고 보니 전 남자친구라는 사람의 괴롭힘이 도를 넘었습니다. 이게 정말 남자친구였던 사람이 할 수 있는 행위가 맞나 싶을 정도였어요.

전 남친은 문자나 인스타그램 메시지를 하루에도 수십 통씩 보내면서 지속적인 협박을 하고 있었습니다. 게다가 내용이 정말 정말 기괴한 욕설, 신체에 대한 협박, 가족을 어떻게 하겠다 같은 협박성 내용이었고, 변호사가 보기에도 공포스러운 내용으로 이게 제정신인가 할 정도 내용이었죠.

더구나 선을 넘었다고 느낀 건 의뢰인의 회사 홈페이지까지 이 친구에 대한 성적인 내용이 담긴 악플을 마구 적어놨습니다. 그것도 실명까지 밝히면서 아주 지저분한 사람이었죠. 더 충격적이었던 것은 알고 보니 전 남친은 국내 유명 대학교에서 높은 수준의 공부를 하고 있었던 사람이었습니다. 충격적이었습니다. 이렇게 이중적인 모습이 있을 수 있다니...

하고 직장까지 와서 못살게 구는 등의 스토킹 범죄가 지속적으로 발생하고 있습니다.

최근 이런 스토킹 범죄에 대응하기 위함 스토킹처벌법이 만들어졌습니다. 여러분이 앞으로 폭행이나 사기만큼이나 잘 알아두어야 할 죄목이니 자세히 설명해 보겠습니다.

명예훼손죄에 해당하는지 살펴라

명예훼손이라는 것은 많은 사람이 이미 잘 알고 있습니다. 그런데 사실 정말 잘 알고 있는 사람은 생각보다 별로 없습니다. 법조문 상으로는 이렇게 되어 있죠. '구체적인 사실을 적시하여 사회적 평가를 저하시키면 명예훼손'에 해당된다. 다른 법조항들도 그렇듯이 뭔가 당연한 것을 써둔 것 같습니다.

실제 고소를 하고 수사해보면 두 가지 유형으로 나뉘어집니다. 행위가 인터넷 공간에서 일어났느냐 현실 세계에서 일어났느냐에 따라 수사 양상이 크게 달라집니다.

정보통신망 이용촉진 및 정보보호 등에 관한 법률 제70조
(벌칙)

① 사람을 **비방할 목적으로 정보통신망을 통하여 공공연하게 사실을 드러내어** 다른 사람의 명예를 훼손한 자는 3년 이하의 징역 또는 3천만 원 이하의 벌금에 처한다.

② 사람을 **비방할 목적으로 정보통신망을 통하여 공공연하게 거짓의 사실을 드러내어** 다른 사람의 명예를 훼손한 자는 7년 이하의 징역, 10년 이하의 자격정지 또는 5천만 원 이하의 벌금에 처한다.

③ 제1항과 제2항의 죄는 **피해자가 구체적으로 밝힌 의사에 반하여 공소를 제기할 수 없다.**

사이버 명예훼손을 보겠습니다.

사이버 명예훼손의 경우, 수사는 비교적 심플하고 단순하게 진행됩니다. 인터넷 공간에 올린 게시글, 댓글, 리뷰 등이 누군가의 명예를 훼손하는 구체적인 사실에 관한 내용을 담고 있다면 정보통신망법상 명예훼손, 흔히 말하는 사이버 명예훼손에 해당하게 되죠. 위의 피해자가 당한 명예훼손도 사이버 명예훼손인데요.

사이버 명예훼손의 경우 고소를 위해 준비할 것은 다음과 같습니다.

① 행위를 입증할 수 있는 캡처된 화면을 준비해두는 것이 좋고요, ② 가해자를 특정할 수 있는 아이디나 이메일 주소, 기타 식별할 수 있는 내용을 같이 준비해두면 좋습니다. 이어서 설명드릴 일반 명예훼손과는 상당히 다르게 아주 단순하고 명확한 자료로 입증할 수 있죠. 거기다가 많은 제3자에게 전파될 가능성이 높고, 오래 지속되니까 더 가중될 수도 있습니다.

특히 위와 같이 피해자의 직장 홈페이지에까지 악플을 달면서 괴롭히는 것은 정말 못 할 짓이죠. 당장 직장에서 문제가 발생할 수도 있으니 죄질이 아주 안 좋은 케이스라고 할 수 있습니다.

이와 비슷한데 다른 것이 형법상 명예훼손인데요.

쉽게 말해서 뒷담화를 아주 구체적으로 했다고 생각하면 비슷합니다. 회사에서 쉬는 시간이나 회식 자리에서 동료에 대해서 구체적인 사례를 들어가며 뒷담화한 경험이 있나요? 아니면 그런 피해를 본 경험이 있나요? 그것이 바로 명예훼손입니다.

형법 제307조 [명예훼손]
① 공연히 사실을 적시하여 사람의 명예를 훼손한 자는 2년이하의 징역이나 금고 또는 500만 원이하의 벌금에 처한다.
② 공연히 허위의 사실을 적시하여 사람의 명예를 훼손한 자는 5년이하의 징역, 10년 이하의 자격정지 또는 1천만 원 이하의 벌금에 처한다.

이런 형법상 명예훼손은 사이버 명예훼손에 비해서 입증이 훨씬 어려운 특징을 갖고 있습니다. 녹취나 문자, 카카오톡 대화내역 등이 없다면 다른 사람의 진술에 의존해야 하는데, 다른 사람의 진술이란 것은 쉽게 증거로 만들기도 어렵고 증거로 쓰이더라도 신빙성에 문제가 생기는 경우도 많습니다. 생각해보세요. 사람의 기억이라는 것이 늘 확실한 것은 아니죠. 사람은 자신에게 유리하게 기억을 다르게 하기도 하고 말도 이랬다저랬다 할 수 있습니다.

그러니 사람의 말만 믿고 고소를 하겠다고 찾아오면 일단 입증자료부터 살펴보고 안 되겠다 싶어 돌려보내는 경우도 많습니다. 만약 형법상 명예훼손으로 고소를 준비한다면 ① 움직일 수 없는 증거가 있는지, ② 사람의 말만 믿고 고소를 진행해야 하는 것인지 꼭 먼저 따져보시기를 바랍니다.

한편, 사이버 명예훼손이나 형법상 명예훼손이나 그 내용이 그 사람과 관련된 어떤 사실에 관한 것이어야 하고, 허위의 사실인 경우 조문상 가중 처벌받는 구조이고요.

만일, 구체적 사실은 아닌 단순한 혐오나 경멸적인 표현, 흔히 욕설과 같은 감정의 표현이면 **형법상 모욕죄**가 됩니다. 이 경우에는 고소기간이 6개월로 짧기 때문에 고소기간에 유의해야 합니다.

> **형법 제311조 (모욕)**
>
> 공연히 사람을 모욕한 자는 1년 이하의 징역이나 금고 또는 200만 원 이하의 벌금에 처한다.

예를 들어, '그 여자가 불륜을 했다'라고 한다면 구체적인 사실에 관한 것이므로 명예훼손에 해당할 수 있고, '개XX, 소XX'와 같은 욕설은 구체적인 사실에 관한 것이 아니라 경멸적인 표현이므로 모욕죄에 해당하게 됩니다.

KEY POINT 실전! 생존법

연예범죄를 당했을 때는 우선적으로 사이버 명예훼손의 증거를 캡처하고, 아이디, 이메일 주소 등을 확보한다. 녹취, 문자, 카톡 등의 증거도 확보한다.

스토킹처벌법이 신설되었다

여러분이 앞으로 폭행이나 사기죄만큼 익숙하게 만나게 될 알아두어야 할 법을 하나 꼽으라면 스토킹처벌법입니다. 아직 개정된 지 얼마 되지 않았고, 법에 대한 정확한 정보가 많이 없어서 신고하거나 고소하는데 어려움을 많이 겪기도 합니다. 특히 피해자로서 신고하거나 고소할 때 준비해야 할 내용을 정리해 보겠습니다.

세상에는 중범죄도 많지만 사실 이런 스토킹 범죄같은 유형에서 많은 사람들이 큰 고통을 받습니다.

"집 앞에서 전 남자친구가 기다리고 있어요."

"자꾸 카카오톡으로 이상한 사진을 보내요."

"회사 앞으로 이상한 물건을 보내와요."

생각만 해도 무섭고, 일상의 평온함이 공포로 바뀌는 상황입니다.

과거에는 이런 스토킹이 형법상 처벌할 수 있는 범죄가 아니었습니다. 사실 스토킹 행위가 타인에게 고통을 줄 수 있다는 것은 누구나 알았죠. 그런데 법이 없었습니다. 법이 없으면 당연하게도 경찰도 처벌하거나 피해자를 보호해주기가 난감하죠. 그렇기 때문에 이 범죄를 어떻게 처벌할 수 있는지가 늘 고민이 되는 부분이었고 실제 스토킹으로 고통을 호소하고 경찰에 신고할 때 변호사들도, 형사들도 고민할 수밖에 없는 부분이 어떤 죄목으로 처벌할 거냐 였어요. 그때까지는 스토킹처벌법이 없었기에 당시까지는 다른 법들을 이용해서 우회적으로 처벌할 수밖에 없었는데, 이런 방법은 이미 스토킹행위가 발생하는 시점에서는 대응할 수 없고 다른 피해가 발생한 이후에야 사후적으로 대응할 수밖에 없는 문제가 있었고 결국 본질적인 해결 방법이 되지 못했습니다.

이런 문제에 대해서 정말 오랜 기간 논의가 되어 법이 만들어졌고, 2021년 10월 21일부터 시행되고 있습니다. 즉, 2021년 10월 21일 이후 범죄부터는 이 법에 따라 처벌할 수 있고, 또 보호받을 수 있게 된 것입니다.

기존에 대응이 어렵던 스토킹 행위에 대해서 처벌할 수 있는 법이 만들어져 변호사로서 피해자에게 참 다행이라는 생각이 들고, 법이 피해자에 대한 보호조치나 즉각적인 경찰 대응이 가능하도록 만들어져 있어 피해자의 입장에서 활용 가치가 상당히 높은 법이라고 봅니다.

법이 만들어진 이후 아직 얼마 되지 않아 이를 악용하는 사례도 꽤 있기는 합니다만, 조금 더 사례가 쌓이고 많은 사람이 이 법에 대해서 알게 된다면 우리 사회에 유용한 법으로 잘 정착하게 될 것이라 보고 있습니다.

즉시 스토킹을 막아주는
잠정조치를 활용하자

스토킹처벌법에는 기존 법에서 찾아보기 힘든 즉각적인 조치가 가능한 규정이 있습니다. 바로 잠정조치인데요. 어떤 법과 비교해 보아도 상당히 신속하고 즉각적으로 효과가 발생하는 매우 큰 장점이 있습

〈스토킹처벌법〉
잠정조치

스토킹범죄의 처벌 등에 관한 법률 제9조
(스토킹행위자에 대한 잠정조치)

① 법원은 스토킹범죄의 원활한 조사 · 심리 또는 피해자 보호를 위하여 필요하다고 인정하는 경우에는 결정으로 스토킹행위자에게 다음 각 호의 어느 하나에 해당하는 조치(이하 "잠정조치"라 한다)를 할 수 있다.

1. 피해자에 대한 스토킹범죄 중단에 관한 **서면 경고**

2. 피해자 또는 그의 동거인, 가족이나 그 주거등으로부터 **100미터 이내의 접근 금지**

3. 피해자 또는 그의 동거인, 가족에 대한 「전기통신기본법」 제2조제1호의 **전기통신을 이용한 접근 금지**

3의2. 「전자장치 부착 등에 관한 법률」 제2조제4호의 위치추적 전자장치(이하 "전자장치"라 한다)의 부착

4. 국가경찰관서의 유치장 또는 구치소에의 유치

⑤ 법원은 잠정조치를 결정한 경우에는 검사와 피해자 또는 그의 동거인, 가족, 그 법정대리인에게 통지하여야 한다.

⑦ 제1항제2호 · 제3호 및 제3호의2에 따른 잠정조치기간은 3개월, 같은 항 제4호에 따른 잠정조치기간은 1개월을 초과할 수 없다. 다만, 법원은 피해자의 보호를 위하여 그 기간을 연장할 필요가 있다고 인정하는 경우에는 결정으로 제1항제2호 · 제3호 및 제3호의2에 따른 잠정조치에 대하여 두 차례에 한정하여 각 3개월의 범위에서 연장할 수 있다.

니다. 다른 법률 규정에 근거한 조치들이 적어도 몇 주 정도의 시간이 흐른 뒤에야 효과가 발생하는 것과 비교하면 심지어 신고 당일에도 조치할 수 있기도 하니 정말 피해자가 원하는 즉각적인 효과라고 할 수 있습니다.

그래서 잠정조치는 어떤 효과가 있는데? 라고 물으신다면 이런 효

과가 있습니다.

피해자나 가족들에게 접근금지를 명하고, 휴대폰 등의 전기통신을 이용한 연락도 하지 말 것을 명령합니다. 또한 무엇보다 이런 금지 사항들이 경찰, 검찰을 거쳐 법원에서 결정한 결정문 형태로 서면 경고가 됩니다. 일단 법원과 수사기관에서 이런 문서들이 집에 도착하기 시작하면 일반인 범주의 사람이라면 '아, 내가 이제 연락하면 정말 문제가 생기겠다'는 것을 느끼게 됩니다.

또 만약 이 잠정조치를 위반하게 된다면, 이는 스토킹 행위와는 별개로 범죄가 성립하여 2년 이하의 징역 또는 2천만 원 이하의 벌금으로 처벌받게 됩니다. 최근 실무적으로는 스토킹처벌법으로 신고나 고소가 되면 경찰에서도 즉각적인 경고 조치를 해주기도 하니 피해자라면 이만큼 신속하고 든든한 법은 없습니다.

변호사들도 스토킹처벌법으로 고소하게 되었을 때, 가장 먼저 신경 쓰는 것이 잠정조치가 신속하게 나올 수 있을 것인지 경찰과 협조하는 일이기도 합니다.

(KEY POINT) 실전! 생존법

잠정조치를 활용해서 빨리 스토킹 상황에서 벗어나자. 잠정조치를 통해 100미터 이내 접근금지, 메시지 금지 등의 서면 경고가 발송될 것이다.

어떤 경우 스토킹 행위로 인정받을까

우리 법상 스토킹 행위는 상당히 포괄적으로 규정이 되어있습니다.

아무래도 스토킹 행위의 형태 자체가 법으로 규정하기 어려울 만큼 다양한 형태로 발생하기 때문에 포괄적으로 규정할 필요성이 있었죠. 이 때문에 스토킹처벌법이 악용되는 사례도 발생하고 있습니다만, 우선 여기서는 스토킹 행위에 해당하는 경우를 대략 확인하고 가겠습니다.

막아서고, 기다리고, 지켜보고, 연락하고, 갖다 놓고, 훼손하고, 또 다른 사람에게 게시하고 정말 다양하게 구성하고 있는 것을 알 수 있습니다. 쉽게 말해서 우리가 생각할 수 있는 스토킹이라는 행위의 거의 모든 행위를 스토킹 행위로 규정하려 한 것입니다. 따라서 우리가 스토킹으로 처벌하기 위해 고소하거나 신고할 때 정말 웬만한 행위는 여기에 거의 걸리게 됩니다. 그래서 스토킹 행위인지를 따져볼 때 해당 행위를 한 것만 입증이 된다면 대부분 구성요건은 인정될 수 있습니다.

잊지 말자! 의사에 반한다는 표현을 명확히

스토킹처벌법 제2조 [정의]

1. "스토킹행위"란 **상대방의 의사에 반(反)하여** 정당한 이유 없이 다음 각 목의 어느 하나에 해당하는 행위를 하여 **상대방에게 불안감 또는 공포심**을 일으키는 것을 말한다.

가. 상대방 또는 그의 동거인, 가족(이하 "상대방등"이라 한다)에게 **접근하거나 따라다니거나 진로를 막아서는 행위**

나. 상대방등의 주거, 직장, 학교, 그 밖에 일상적으로 생활하는 장소(이하 "주거등"이라 한다) 또는 그 부근에서 **기다리거나 지켜보는 행위**

다. 상대방등에게 우편·전화·팩스 또는「정보통신망 이용촉진 및 정보보호 등에 관한 법률」제2조제1항제1호의 정보통신망(이하 "정보통신망"이라 한다)을 이용하여 물건이나 글·말·부호·음향·그림·영상·화상(이하 "물건등"이라 한다)을 도달하게 하거나 정보통신망을 이용하는 프로그램 또는 전화의 기능에 의하여 **글·말·부호·음향·그림·영상·화상이 상대방등에게 나타나게 하는 행위**

라. 상대방등에게 직접 또는 제3자를 통하여 물건등을 도달하게 하거나 주거등 또는 그 부근에 **물건등을 두는 행위**

마. 상대방등의 주거등 또는 그 부근에 놓여져 있는 **물건등을 훼손하는 행위**

바. 다음의 어느 하나에 해당하는 **상대방등의 정보를 정보통신망을 이용하여 제3자에게 제공하거나 배포 또는 게시하는 행위**

1)「개인정보 보호법」제2조제1호의 개인정보

2)「위치정보의 보호 및 이용 등에 관한 법률」제2조제2호의 개인위치정보

3) 1) 또는 2)의 정보를 편집·합성 또는 가공한 정보(해당 정보주체를 식별할 수 있는 경우로 한정한다)

사. 정보통신망을 통하여 상대방등의 이름, 명칭, 사진, 영상 또는 신분에 관한 정보를 이용하여 **자신이 상대방등인 것처럼 가장하는 행위**

2. "스토킹범죄"란 지속적 또는 반복적으로 스토킹행위를 하는 것을 말한다.

뭐가 문제일까요?

스토킹처벌법의 구성요건을 자세히 살펴보면 '의사에 반해서'라는 문구가 있습니다.

'아니 당연히 의사에 반하는 거 아냐?'

법에서는 당연하다는 전제는 인정받기가 어렵습니다. 이것이 피해자의 의사에 반하는 것인지 수사기관은 확인을 해야 하고 나중에 재판에 갔을 때 입증도 되어야 하죠. 물론 전후 사정을 고려할 때 피해자의 의사에 반하는 것임을 가해자도 알거나 알 수 있었고, 제3자라

도 이건 의사에 반하는 것이지 라고 생각할 정도라면 명확한 의사가 없었더라도 처벌이 가능한 경우는 있습니다.

그러나 의외로 의사에 반한다는 표시를 해두지 않아서 스토킹처벌법 위반으로 처벌하는 것이 힘든 경우도 많습니다. 예를 들어서 과거 연인 사이에서 알게 된 집 비밀번호를 바꾸지 않은 것을 기회로 집에까지 찾아 들어왔다면 집에 오지 말라는 의사를 하지 않았다면 아직까지 바꿔두지 않은 사실로 인해 처벌이 어려운 경우도 생깁니다. 혹은 더 이상 찾아오지 말라는 의사를 전달했음에도 만나서 구두로 이야기했거나 증거가 남지 않은 경우 못 들었다고 하는 경우도 허다합니다. 그러니 적어도 문자메시지 등으로 명확히 증거가 남는 수단을 이용해 더 이상 찾아오지 말 것과 더 이상 연락도 하지 말 것을 분명히 남겨 놔야 피해가 확대되는 것을 막을 수 있습니다.

그러니 꼭 의사에 반한다는 의사 표시를 분명히 남겨두기를 바랍니다.

"더 이상 만나고 싶지 않습니다. 찾아오지 마세요. 연락도 하지 마세요."

스토킹 사례들을 보면 가해자가 친척, 형제, 부모인 경우도 있고 피해 유형은 너무나 다양합니다. 인스타그램이나 문자, 카톡을 수십 번

KEY POINT | **실전! 생존법**

명확하게 의사표시를 증거로 남겨두어야 한다.
"더 이상 만나고 싶지 않습니다. 찾아오지 마세요. 연락도 하지 마세요"

이 아니라 하루에도 수백 개씩 보내기도 합니다. 집으로 찾아오기도 하죠. 실제로 피해자들이 느끼는 공포감은 우리들이 생각하는 것보다 훨씬 심하고요. 그런데 정확하게 스토킹처벌법 위반에 해당하는 행위를 모르고, 스토킹이 처벌할 수 있는 행위라는 것조차 모르는 경우가 있어 여러분이 신고하거나 고소하는 데 고민이 있을 수 있습니다. 위의 요령을 평소에 잘 숙지해서 이런 유형의 피해를 당하고 있다면 주저하지 말고 대처하기 바랍니다.

지금까지 사이버 범죄, 스토킹을 당하고 있을 때 신속하게 벗어날 수 있는 방법에 대해서 설명을 드렸습니다. 이런 상황에 처해있다면 고통과 고민을 본인 혼자서만 감내하려 하지 않는 것이 중요합니다. 경찰에 신고하거나 여러분의 신원이 노출되는 것이 꺼려진다면 변호사사무실로 연락해서 상담받으면 더 명확한 해결 방법이 나옵니다. 최소한 혼자 고통받지 마세요.

시비가 붙으면
맞서 싸울까 그냥 맞을까

폭행죄 상해죄를 조심하라

최근에 친한 동생에게 전화가 와서 오늘쪽 사례와 같은 상담을 받았습니다. 술을 마시고 폭행 사건에 휘말린 것이지요.

자, 본인이라면 이런 상황에서 어떻게 할까요?

① 싸운다.

② 맞아준다.

정답은 무엇일까요? (정답은 뒤에 있습니다.)

우리가 이런 상황에서 자칫 잘못 대처하면 몇백만 원, 몇천만 원까지 큰 손해를 볼 수도 있습니다. 사실 이런 일들은 술을 마시고 사람들이 많은 곳을 지나다 보면 흔히 있는 일이기도 합니다. 그만큼 인터넷 커뮤니티에도 이런 상황의 이야기들이 종종 올라오곤 하는데요,

동생 A씨는 술을 마시고 지나가다가 시비가 붙었습니다. 길을 지나가는데 술 취한 사람들 셋이 비틀비틀하다가 다가와서 계속 시비를 걸었다는 겁니다. 참 다 참다 싸웠습니다. 상대편이 먼저 멱살을 잡고 머리채를 잡아서 싸움이 났다 는 거죠. 상대편은 남자 셋이었고 아는 동생은 여자친구하고 둘이라서 사실상 3대 1로 싸움이 난 겁니다.

간혹 이런 상황에서 일방적으로 맞고 합의금을 뜯어내라는 이야기도 있습니다. 맞는 말인가요?

이게 남의 일이라면 그럴 수도 있겠는데 자기 일이 되면 절대 웃을 수 있는 일이 아닐 것입니다. 이제 다음의 설명들을 주의 깊게 읽어보 세요. 이런 상황에서 ② 맞아준다를 선택한 사람에게 어떤 일이 생길 까요.

정말 맞기만 했어요가 될까

진짜 꾹 참아서 맞기만 한다? 이건 추천할 수 없습니다. 일단 맞아서 아프고 상처가 나거나 하면 여러분 직장생활, 사회생활에도 무리가 생기죠. 어디 가서 맞았다는 이야기도 못 하고, 눈이 시퍼렇게 멍들어서 회사에 가면 '참 잘했다'고 하겠습니다.

　그리고 생각보다 여러분이 받을 수 있는 합의금이 적을 수도 있습니다. 상대편이 직장도 좋고, 공무원이고, 대기업 다니고 그러면 합의금 받기도 편한데, 만약 그냥 놀고 있고 재산도 없으면? 합의 안 하고 그냥 벌금 받아버릴 수도 있어요. 사실 폭행죄 벌금이 그리 많지 않아요. 기껏해야 백만 원 정도이고, 상해가 발생했을 때도 몇백 만원 정도로 끝나는 경우가 많아요. 그래서 상대편이 합의하지 않고 '배 째'라고 나오면 이럴 때 진짜 억울해져요. 나는 맞았는데 치료비도 못 받고, 상대편은 그냥 벌금 물고 말고, 이럴 때 사실 변호사면 형사 고소, 민사소송 다 해서 치료비에 위자료에 다 청구해볼 텐데, 여러분은 변호사가 아니잖아요. 물론 크게 다치고 손해배상을 많이 받을 수 있는 경우에야 소송을 해볼 테지만, 일반적인 경우에서는 변호사를 선임하는 데에도 비용이 들고 배보다 배꼽이 더 크면 안 되니 추천할 수 없습니다.

　일단 피해가 생긴 후에 그 피해를 회복하기 위해서는 정말 먼 길을 돌아가야 합니다. 형사 절차를 마무리해야 하고, 그 이후 또 어려운 민사소송 절차에 들어가야죠. 그래도 순순히 돈을 주지 않으면 재산을 압류하거나 경매하는 집행 절차까지 들어가야 합니다. 그런데 그 먼 길을 돌아갔는데 상대편이 땡전 한 푼 없는 사람이라서 줄 돈이 없다고 하면 몸만 다치고 헛수고하게 된 꼴이 된 것입니다. 시정잡배라는 말이 있죠. 시쳇말로 말하면 유흥가나 떠돌고 다니는 양아치 같은 부류라 할 수 있는데, 시비가 걸리더라도 돈이 있어서 뭐 받아볼 만한 사람에게 걸려야지 이런 시정잡배와는 시비도 걸리면 안됩니다.

몸을 소중히 하고 되도록 맞지 않는 것이 좋습니다. 몸싸움이 크게 일어나게 되면 그냥 적당히 주먹다짐하는 정도로 끝나지 않을 수도 있습니다. 더구나 술을 마신 상태에서 몸 가누기도 힘든데 잘 못 맞았다가 크게 다치는 경우도 많습니다. 이런 하찮은 시비 때문에 안구가 실명되거나 코가 부러지거나 하는 일이 있으면 안 되겠죠.

그래서 시비 걸렸을 때 맞아준다는 것은 사실 잘못된 상식입니다. 맞으면 아프기도 아프고 몸 다치고 일 못하고 배상도 제대로 못 받을 수 있어요. 일단 명심하세요. 다치지 마세요. 맞고 다니지 마세요.

때린 적 없는데 쌍방폭행으로 몰렸어요

여러분이 일단 맞으면 남자의 본능상 흥분해서 반격할 가능성이 매우 높아요. 그냥 하는 말이 아니라, 실제 시비에 걸리는 경우 처음에는 싸울 생각이 없었는데 멱살을 잡히거나 먼저 뺨을 맞아서 흥분해서 이제는 누가 가해자고 피해자라 할 수 없는 싸움이 되어버리는 경우가 태반은 넘습니다.

"진짜 맞은 기억밖에 없는데요?"

진짜 맞은 기억밖에 없다고 해서 경찰서에 갔더니 수사관과 함께 CCTV를 보면 대부분은 열심히 싸우고 있는 자신의 모습을 보게 돼요.

"어, 저도 때렸네요?"

사람의 기억은 시간이 지나면 자연스럽게 자신이 유리한 방향으로 기억을 조정합니다. 편집된 것처럼 의도적으로 불리한 것은 기억하지 않으려 하고 합니다. 그런데 CCTV와 같은 명확한 증거를 보게 되면 지금까지 기억과 달라 깜짝 놀라게 되는 것이죠. 심지어 당시 음주 상태였다면 그 사람의 기억은 믿을 것이 못 됩니다.

그런데 진짜 이 악물고 반격하지 않았다면요? 문제는 담당 형사는 이런 상황을 수천 번도 더 본 사람입니다. 반격하지 않았다고 했다가 반격했다는 증거를 보고 나서야 뒷머리를 긁적이는 당사자들을 너무나 많이 보았기 때문에 일단 몸싸움이 일어났다면 당연히 쌍방폭행이겠거니 수사하게 됩니다. 이런 선입견을 뭐라고 할 수는 없습니다. 반대로 만약 정말로 반격하지 않았다면 적극적으로 입증할 수 있는 증거들을 확보해야 하고, 증거들이 없다면 진술이라도 최대한 세밀하게 준비해서 가야 하는 것입니다.

또 옆에 친구들이 있는 상황에서 친구가 시비가 붙게 되면 자연스럽게 몸싸움에 휘말리게 되어 같이 쌍방폭행으로 조사받게 되는 경우가 종종 생깁니다. 이 경우도 자기는 말리기만 했을 뿐이라고는 하지만 같이 뒤엉키면서 CCTV를 봐도 식별이 어려운 경우도 생기고 억울해지는 경우가 종종 생깁니다. 그러니 만약 친구가 인근에 있다면 시비가 걸릴 것 같은 상황에서는 이렇게 이야기해야 합니다.

"친구야, 만약 내가 맞고 있거든 말리지 말고 영상을 찍어줘."

요즘 핸드폰 카메라 좋으니까 야간에도 잘 찍힙니다. 다만 너무 근접해서 찍게 되면 누가 맞고 누가 때리고 있는 것인지 식별이 안 되는 경우가 생기니까 적당한 거리를 두고 찍는 것을 추천해 드립니다.

이거 정당방위 아니에요?

반격하는 경우도 설명해 드릴게요. 반격하면 그대로 쌍방폭행이 됩니다. 우리나라 법은 정당방위를 굉장히 소극적으로만 인정하고, 특히 이런 시비붙어서 쌍방폭행되는 경우는 99.9퍼센트 정당방위를 인정하지 않아요. 먼저 때렸으니까 정당방위다? 이런 법은 없어요. 이제 인터넷상으로도 우리나라 법상 정당방위가 굉장히 인정받기 어렵다는 것은 많이 알려진 사실이죠.

최근에는 CCTV라든가 정당한 상황이었는지에 대한 입증이 가능한 시대가 왔기 때문에 조금 바뀔 필요성은 있다고 봅니다만, 여전히 우리는 현재 상황에 따라 대처할 수밖에 없습니다.

그러면 어떻게 되나요. 여러분도 쌍방폭행의 피의자가 됩니다. "왜 내가 가해자예요. 먼저 맞았는데?"

그때 가서 억울해해도 어쩔 수 없어요. 이럴 때는 많이 다친 사람이 승자입니다. 물론 먼저 시비를 걸었는지도 어느 정도는 참작되지만 얼마나 많은 폭행을 했는지, 상대편의 상해가 얼마나 큰지가 중요합니다. 많이 맞다가 딱 한 대 때렸는데 정타를 날렸습니다. 상대의 턱이 부러지고 이빨 깨지거나 하면 물어 줘야 해요.

그리고 무엇보다. 본인에게 전과가 남죠. 폭행 전과.

그래서 답이 뭐냐.

③ 도망치세요.

누가 시비 걸면 빠르게 장소를 벗어나시는게 상책입니다. 안전하게 귀가해서 부모님과 하하하 웃으면서 "오늘 웬 양아치가 시비를 걸더라, 현명하게 벗어났다"고 담소 나누시는 게 가장 좋습니다.

여러분이 잘못한 게 없더라도, 친구나 여자친구가 옆에 있어서 나서고 싶은 상황이더라도요.

'아, 이 사람이 술을 먹고 약간 사리 분별이 힘들구나'라고 속으로 생각하고 피해 가세요. 옛말 틀린 거 없죠. 똥은 무서워서 피하는 게 아닙니다. 시정잡배와 얽혀서 좋을 것 하나도 없고요.

이게 정답입니다.

만약에 정말 어쩔 수 없는 상황이면요? 나는 피해 가려고 하는데 쫓아와서 폭행한다거나 급작스럽게 폭행 피해를 입었다고 한다면 이런 때도 제 말을 기억하고 반격하지 말고 일단 가능한 한 도망가고, 정 못 피할 때는 112를 기억하세요. 시비가 걸려서 쫓아오고 있다거나 폭행당하고 있다고 신고하고 와 달라고 부탁하세요. 그러면 인근 파출소를 통해 경찰이 곧 출동합니다.

진짜 폭행당할 급박한 상황이다. 그러면 CCTV 앞으로 가세요. 핸드폰 꺼내시고, 가능하면 방범용 CCTV가 좋습니다. 보관기간도 길고 화질도 대체로 괜찮습니다. 이건 어디까지나 최악의 상황에서라는 것, 우선 피하고 보는 것이 최선이라는 것 잊지 마세요.

술 마시고 싸우다 공무집행방해죄까지

여러분이 술을 마시고 시비에 휘말려서 쌍방폭행하고 돈 물어주고 벌금 내고 하는 상황이 최악인 것 같죠. 그런데 더 최악인 상황도 있어요. 절대 절대 하지 말아야 하는 데 술마시고 생각보다 많이 하는 실수가 있습니다.

시비가 걸린 상황에서 여러분의 신고로 또는 시민의 신고로 경찰이 현장에 도착했습니다. 그러면서 경찰이 싸움을 말리고 현장을 정리하려는데, 그런데 경찰 말을 안 듣는다.

그러면 그 이름도 무서운 '공집방' 즉, 공무집행방해가 됩니다. 특히 경찰을 대상으로 한 공무집행방해는 정말 위험해요. 정말 조심해야 합니다. 우리가 가끔 텔레비전에서 경찰을 대상으로 한 폭력을 보는데 사실 정말 한심하고 위험한 행동입니다. 경찰을 폭행이라도 했다면 바로 체포될 수 있는 행위입니다. 우리의 친절한 이웃 경찰은 이런 상황에서는 진짜 무서운 수사기관이 됩니다. 현행범으로 체포될 수도 있습니다. 바로 수갑 채우고 연행되는 것이죠. 아침에 구치소에서 눈을 뜰 수도 있습니다.

게다가 경찰을 대상으로 한 공무집행방해는 검찰도 잘 봐주지 않습니다. 일단 같은 수사기관이기도 하고 기본적으로 국가의 공무에 관한 죄이기 때문에 벌금으로 끝나는 경우도 오히려 적고, 정식 형사 재판으로 가는 경우가 많습니다. 정식재판으로 보낸다는 건 최소한 단기 실형을 구형한다는 거죠. 정말 까딱 잘못하면 징역 살게 되는 상황에 처하게 되는 것입니다.

일반 폭행은 합의하면 최대한 공소권 없음으로 막을 수 있는데 반해, 경찰에 대한 공무집행방해는 합의도 어렵고 반의사불벌죄도 아닙니다. 경찰의 내부 규칙상 합의가 어렵고 되는 일이 거의 없어서 감형시키기도 쉽지 않습니다.

그래서 다시 말하지만, 시비 걸려서 싸우고 실랑이하고 폭행하게 되는 것도 조심해야지만 아무리 술을 마셨더라도 경찰이 보이면 정신 번쩍 차리고 말을 잘 들어야 합니다. 괜한 호기로 출동한 경찰에게 대들었다가 아침에 눈 뜨고 나서 땅을 치고 후회하지 마세요.

일상의 평온함은 한 번 깨지고 나서야 소중함을 알 수 있죠. 일단 한번 이렇게 문제가 생기고 나면 그 평온함을 찾기가 매우 힘들어집니다. 술 마시고 한번 욱하는 마음으로 무서운 형사처벌까지 받게 되지 않기 바랍니다.

사기는 다 같은 사기가 아니다

사기죄에 해당하는 조건

돈을 빌려줬는데 못 받은 적 있나요? 믿었던 사람에게 배신당한 기분이란 정말 이루 말할 수 없을 만큼 큰 충격일 텐데요. 그런 경우에 돈을 안 갚는 사람을 사기죄로 처벌받게 해달라고 고소대리를 의뢰하는 사람들이 상당히 많습니다. 금전 대여와 관련하여 사기죄가 성립되는 대표적인 두 가지 경우를 이야기 하겠습니다.

'돈을 빌려줬는데 갚겠다고 거짓말하고 안 갚으면 사기 아니야?'

아닙니다. 사기죄에 대한 대표적인 오해라고 할 수 있는데요. 일반적으로, 단순히 돈을 빌려줬는데 갚지 않는다거나, 갚겠다고 약속했는데 갚지 않았다는 그것만으로는 형법상 사기죄가 성립하지 않습니다.

우리나라 형법 제347조 제1항을 보겠습니다.

이 규정에서, 주요 단어는 바로 '기망하여'입니다. 쉽게 말하자면 상대방을 속이려는 행위가 있어야 사기죄가 인정된다는 거에요. 이때

형법 제347조 (사기)

① 사람을 기망하여 재물의 교부를 받거나 재산상의 이익을 취득한 자는 10년
이하의 징역 또는 2천만 원 이하의 벌금에 처한다.

② 전항의 방법으로 제삼자로 하여금 재물의 교부를 받게 하거나 재산상의 이
익을 취득하게 한 때에도 전항의 형과 같다.

시점이 중요한데요. 돈을 건네어 받는 시점에 속이는 행위가 있어야
한다는 것입니다. 결국, 사기죄가 성립하려면 돈을 빌리는 시점에 '돈
을 빌려주는 사람을 속이려는 행위'가 있어야 사기죄가 성립됩니다.

대법원 판례에서 어떤 행위를 했을 때 사기죄가 성립하는지를 분석
해 보면 두 가지의 대표적인 유형이 있습니다. 즉, 돈을 빌리는 과정에
서 이런 유형의 행위가 있었다면 '기망행위'가 있었다고 보아 처벌할
수 있는 행위라는 것입니다.

변제능력 사기

첫 번째 금전 대여 사기 유형은, '변제능력 사기'입니다.

'변제능력 사기'는 돈을 빌릴 때 돈을 갚을 능력이나 의사가 없음
에도 상대방을 속여서 돈을 빌린 경우입니다. 이와 관련하여 대법원
판례는 '돈을 빌려준 사람이 돈을 빌려줄 때 돈을 빌린 사람이 돈을
갚을 능력이나 의사가 없었던 사실을 알았더라면 돈을 빌려주지 않았
을 경우'에는 사기죄가 성립한다는 의미에요.

이에 반해, 다음과 같은 경우에는 사기죄가 인정되지 않을 수 있습

니다.

첫째, 돈을 빌릴 때는 돈을 갚을 능력이 있었는데 그 후에 사정이 어려워져 못 갚게 되는 경우, 둘째, 돈을 빌리는 사람과 빌려주는 사람이 친척·친지와 같은 가까운 인적 관계이거나 평소에도 계속해서 거래를 해왔다는 등의 이유가 있을 때, 셋째, 돈을 빌리는 사람이 경제적으로 어려움을 겪고 있던 사실을 알고 있던 경우.

이런 경우에는 돈을 빌리는 사람이 구체적으로 주요 사항(변제의사와 변제능력, 차용 조건 등 돈을 빌려줄지 여부)에 대해서 거짓말을 하였다는 등 사정이 없다면 기망행위가 없었다고 볼 수도 있습니다.

즉 상대방을 속이려는 행위나 의사인 '기망행위'가 없었다고 보아 사기죄가 인정되지 않을 가능성이 있습니다. 사기죄가 인정되지 '않는다'가 아니라 사기죄가 인정되지 '않을 가능성이 있다.'고 말하는 이유는 다음 항목에 해당되는 두 번째 유형의 사기가 인정될 수도 있기 때문입니다.

용도 사기

두 번째 금전 대여 사기 유형은, '용도 사기'입니다.

'용도 사기'는 돈을 빌리는 용도를 속이고 빌린 경우 즉, 돈을 어디에 쓰겠다고 말하고 빌렸는데 다르게 쓴 경우입니다. 이러한 사기 유형은 투자 사기에서 주로 보이는 유형이기도 하고 금전 대여 사기에서도 종종 보이기도 합니다.

이와 관련하여 대법원 판례는 '용도를 속이고 돈을 빌린 경우에 만일 진정한 용도를 고지하였더라면 상대방이 돈을 빌려주지 않았을 것이라는 관계에 있는 때에는 사기죄의 실행행위인 기망은 있는 것으로 보아야 한다(대법원 1996. 2. 27. 선고 95도2828 판결)'고 하고 있어요.

위 판례를 쉽게 설명하면 '돈을 빌려준 사람이 돈을 빌려줄 때, 돈을 빌린 사람이 돈을 어디다 쓰려는지 솔직히 말했다면 돈을 빌려주지 않았을 경우'에는 사기죄가 성립한다고 할 수 있어요.

보통 위와 같은 '용도 사기'의 대표적인 예시로 드는 것이 '가정형편이 어려워 생활비로 쓴다고 하기에 돈을 빌려줬는데 알고 보니 도박 자금으로 쓴 경우'인데요. 최근에는 '사업이 어렵다고 하여 사업 자금 용도로 돈을 빌려줬는데, 그 후 돈을 빌려 간 사람의 SNS를 보다가 너무나 호화로운 생활을 하는 모습을 발견하고 알아보니 빌려준 돈을 개인용으로 사용한 경우'도 발생하고 있어요. 위와 같은 '용도 사기'는 돈을 빌릴 때 변제능력이 있었는지는 무관하게 용도 사기가 인정된다면 사기죄가 성립해요. 이러한 점을 생각했을 때, 돈을 빌려줄 때는 막연히 빌려주기보다 차용증에 용도를 명시하는 게 좋겠습니다.

이렇듯, 금전 대여 사기는 크게 2가지 형태가 있기 때문에 수사기관에 고소할 때는 정확히 돈을 빌려줄 당시의 상황에 대하여 구체적으로 진술할 필요가 있고, 구체적으로 상대방으로부터 어떻게 속았는지 진술할 필요가 있어요.

금전 대여 사기는 너무 상대방의 채무불이행 측면만 강조하다 보면 민사상 단순 채무불이행으로만 볼 여지도 있기 때문에 보다 중요한 것은 상대방이 나를 어떻게 속여서 나에게 금전적인 피해가 발생하였는지를 보다 구체적으로 진술하고, 해당 증거를 정확히 제시하는 것이 좋습니다. 만일, 차용증이 있다면 최대한 구체적으로 작성하고, 돈을 대여해주기까지의 과정이 담긴 문자메시지 내역 내지 녹취파일이 있다면 증거자료로서 제출하는 것이 상대방의 기망행위를 입증하는 데 보다 용이합니다.

> **KEY POINT** **실전! 생존법**
>
> 돈을 빌려줄 때는 차용증에 용도를 명시하라.
> 변제능력 사기 외에도 용도 사기를 입증할 근거가 된다.

빌라왕에게 전세사기 안 당하려면

전세 사기는 최근 사회적으로 너무나 큰 문제가 되고 있습니다. 최근 조직화되고 있는 전세 사기는 다수의 피해자를 양산하고 있어 기본적인 지식은 꼭 알아야 합니다. 이 장에서는 전세 사기를 예방하는 몇 가지 방법에 대하여 설명하고, 만약 내가 살던 집이 경매되었거나 전세 사기가 의심될 때 해야 할 생존법률을 알아보도록 하겠습니다.

등기부는 직접 뽑는다

첫째, 등기부는 직접 뽑아보자.

전세 계약을 체결하려고 하는 부동산의 등기사항전부증명서(등기부등본)은 본인이 직접 발급하여 확인해야 합니다. 간혹, 전세 계약을 하고자 하는 부동산에 대하여 공인중개사나 다른 사람이 전달하는 등기부등본만을 살펴보는 경우가 있는데, 등기부등본은 실시간으로 변동이 있을 수 있고, 위조 가능성도 있기 때문에 본인이 직접 발급하여 확인하여야 합니다. 대법원 인터넷등기소 홈페이지(www.iros.go.kr)에 들어가서 700원이면 발급받을 수 있으니, 반드시 본인이 물건을 살펴볼 때뿐만 아니라 계약 당일까지도 발급하여 내용을 확인하여야 합니다.

갑구와 을구를 살펴본다

둘째, 갑구와 을구를 살펴보자.

등기사항전부증명서(등기부등본)를 발급하였다면, 등기부를 살펴보아야 합니다. 최근 발생하고 있는 전세 사기의 유형은 대단히 다양한데, 그럼에도 등기부를 꼼꼼히 보면 예방할 수 있는 유형은 여전히 많습니다. 등기부에 기재되어있는 전문적인 용어를 모두 알 수는 없겠지만 적어도 갑구와 을구에 기재된 내용을 확인해보고, 평소 보지 못한 '신탁'이나 '근저당'과 같은 생소한 단어가 있다면 하나하나 꼼꼼히 공인중개사에게 어떤 의미인지 물어보고 확인해야 합니다. 필요하다면 인터넷으로 어떤 의미인지 확인하기도 해 보아야 합니다.

'신탁 등기'나 '공동 근저당'과 같은 최근 전세 사기에서 많이 이용되는 단어가 보이면, 위험성이 있는 물건인지를 두 번 세 번 판단해야 하는데, 이런 물건은 공인중개사의 말만 믿어서는 안 되고 법률전

KEY POINT ┃ **실전! 생존법**

등기부는 직접 뽑아서, 갑구와 을구를 살펴보자.
생소한 단어는 꼼꼼히 공인중개사에게 의미를 물어서 확인한다.

문가를 통해 자문을 구할 필요도 있습니다. 최근 발생하는 전세 사기의 유형이 다양하고 부동산이 위험성이 있는지를 판단하기 위해서는 고려해야 할 요소들이 상당히 많기에 법률전문가가 아닌 일반인들은 판단이 어려울 수 있습니다.

위험의 기준은 경매까지 가도 돈을 받을 수 있는가이다

셋째, 경매까지 가도 내 돈을 받을 수 있을 것인가 확인하자.

간혹, 전세 계약을 하려는 부동산이 등기부등본에 가압류 내지 근저당이 없는 이른바 등기부가 깨끗하기 때문에 안전한 것 아니냐 묻는 경우가 있으나, 이는 큰 오해입니다. 위험한지 아닌지의 기준은 정말 최악의 상황에 경매까지 가더라도 내 돈을 돌려받을 수 있을 것인지, 아니면 위험한지가 기준이 되어야 합니다.

위험성을 판단하기 위하여 크게 두 가지 기준이 있을 수 있는데 대항력 및 우선변제권을 유지할 수 있는지 즉, 내가 해당 부동산이 경매로 넘어갈 경우, 최선순위권자가 될 수 있는지가 하나의 요소이고, 또 다른 요소는 만일 해당 부동산이 경매로 넘어갈 경우, 낙찰가가 보증금보다 높게 형성되어 보증금 전액을 받을 수 있는지가 위험성을 판단하는데 또 하나의 요소인 것입니다. 정말 임대차를 처음 해보는 사람이라면 대항력이라든가 우선변제권이라든가 하는 용어가 낯설게 들릴 수 있습니다. 쉽게 말하자면 우리 임대차보호법상 세입자를 보호하기 위해서 대항력과 우선변제권이라는 2가지 효과를 부여하는

데, 그 요건은 확정일자와 전입신고, 점유(이사)라는 3가지 요건을 유지해야 한다고 알아 두면 됩니다. 이 3가지 요건과 2가지 효과는 임대차 제도를 이용하는 임대인과 임차인에게 모두 너무나 중요하기 때문에 기본 개념과 요건 정도는 꼭 알아 두기를 바랍니다.

또 최근 발생하는 갭투자 또는 역전세 형태의 전세 사기의 경우에는 확정일자와 대항력을 갖추었는데도 피해가 발생하는 경우가 빈번합니다.

예를 들면, 전세를 계약하려는 부동산의 시세가 1억인데, 전세보증금이 시세를 넘어서는 1억 1천만 원이라면, 아무리 임차인이 최선순위권자라도 추후, 경매를 통해 보증금 전액을 변제받지 못할 가능성이 상당히 높기에 해당 부동산이 위험하다 판단할 것입니다. 이렇듯, 전세보증금의 액수가 부동산의 실제 가치를 넘어서는 것을 속칭 '깡통전세'라고도 불리는데 이러한 부동산은 상당히 위험하다 할 것입니다. 더군다나, 다세대주택 내지 다가구주택 등의 경우와 같이 매매거래가 활발하지 않은 부동산들은 현재 시세 자체도 정확히 알기 어려우므로 정확한 판단을 하기 어렵습니다. 그래서 요즘에는 내가 들어가는 집의 대략적인 시세도 함께 알아 두어야 하는 상황이 되었습니다.

참고로, 다가구주택의 경우에는 등기부등본만으로 나의 순위를 알기 어렵기 때문에 '전입세대열람내역' 및 '확정일자부여현황'을 통해 선순위 임차인들의 숫자 및 전체 보증금 액수를 확인하여 계산하여야 할 것입니다. 해당 문서들은 임대차계약서 작성 후, 해당 계약서를 지참하여 주민센터에 방문하면 발급할 수 있습니다. 참고로, 확정일자 부여 현황은 주택소재지 주민센터에서만 발급할 수 있으므로 되도록 주택소재지 주민센터에 방문해 해당 서류를 발급할 것을 권장드립니다.

따라서, 해당 부동산에 대하여 만약 꺼림칙한 사정이 있다면 위험성이 있는지를 전문가를 통해 반드시 자문을 구할 것을 권장하는 것입니다. 여러분의 전세자금은 너무나 큰돈이고 전세자금 대출을 받은 것이라면 고스란히 여러분의 빚이 될 수도 있는 돈이기 때문에 조심 또 조심하기를 권유합니다.

계약 당사자를 반드시 만나라

넷째, 전세 계약을 할 때는 반드시 임대인을 실제로 만나서 계약을 체결하여야 합니다.

전세 계약뿐만 아니라 모든 계약을 할 때의 가장 중요한 큰 원칙은 계약의 당사자를 직접 만나 계약해야 한다는 것입니다. 간혹, 전세 계약을 할 때 임대인이 오지 않고, 다른 제3자가 계약을 하거나, 부부가 등기부상 소유자임에도 부부 중 한 명만이 계약을 진행하는 경우가 있습니다. 이러한 경우는 추후 법적 분쟁이 발생할 경우, 문제의 소지가 있을 수 있기 때문에 반드시 계약의 당사자 모두를 직접 보고, 계약을 체결하여야 합니다. 보다 꼼꼼히 계약하기 위해서는 계약의 당사자가 맞는지 신분증을 통해 확인하여야 하고, 나아가 신분증이 위조된 것은 아닌지도 확인할 필요가 있습니다. 참고로, 주민등록증은

행정안전부에서 제공하는 주민등록증 음성 확인 서비스인 '1382'로 전화하여 주민등록증의 진위여부를 확인할 수 있으며, 운전면허증은 도로교통공단 안전 운전 통합민원 홈페이지 혹은 경찰청 교통민원24 이파인 홈페이지에서 진위여부 확인이 가능합니다.

만약, 계약의 당사자가 오지 못하여 대리인과 계약하여야 하는 특별한 사정이 있는 경우에는 반드시 인감증명서가 첨부된 위임장을 제시할 것을 요구하여야 하고, 위임장의 작성인과 유효기한 등을 확인하여 현시점 기준으로 유효한 것인지 확인하여야 합니다. 나아가, 위임장의 날인된 위임인의 인영이 인감증명서 상 인감도장의 인영과 동일한 것인지, 대리인의 신분증은 위조된 것이 아닌지 살펴보아야 할 것입니다. 더 안전한 진행을 위해서는, 대리인으로부터 위임인의 연락처를 받아 위임인에게 직접 전화를 해서 위임인 본인이 맞는지 확인하고, 위임인이 현재 체결하려는 구체적인 계약조건 등에 대하여 알고 있는지 등에 대하여 확인하여야 할 것입니다.

대금은 본인 명의의 계좌로

다섯째, 전세 계약을 체결할 때, 보증금, 월세 등 임대인에게 지급하기로 한 대금은 임대인 본인 명의의 계좌로 송금하는 것으로 계약하는 것이 추후, 예측하지 못한 피해를 예방하기 위하여 좋습니다. 간혹, 다른 제3자의 명의로 보증금 내지 월세 등의 대금을 지급했는데, 추후 이중 전세 사기 등의 문제되는 경우가 있습니다. 반드시 임대인 본인 명의의 계좌로 대금을 송금하기로 하는 것이 좋습니다.

전입신고와 확정일자를 꼭 하라

여섯째, 전세 계약을 체결하고, 보증금을 지급하였다면, 절대 미루지 말고, 당일에 전입신고 및 확정일자 신청을 하여야 합니다. 전입신고를 하면, 대항력이 생기고, 확정일자까지 완료되면 우선변제권이 생기는데, 이사 당일 전입신고 및 확정일자를 신청하여야 합니다. 따라서, 보증금 지급일과 이사일, 그리고 전입신고 및 확정일자 신청일을 같은 날로 맞추는 것이 안전하다 할 것입니다. 다만, 확정일자의 효력은 확정일자 신청일의 다음 날 0시에 발생하기에 특약으로 확정일자 효력 발생시까지 등기부등본상 권리변동 발생할 경우 계약을 무효로 하는 내용의 특약을 기재하는 것이 안전하게 계약하는 하나의 방법이 될 것입니다.

또한 정말 웬만하면 전세보증보험 가입을 무조건 추천합니다. 특히 은행 대출과 보험 가입이 연계되어 있는 안심전환대출과 같은 은행상품을 알아보시고 가입하는 것이 안전할 것입니다.

최근에 전세 사기로 인하여 정말 너무 많은 사람이 피해를 입는 것을 보았습니다. 그분들의 대부분은 이제 막 사회에 나온 사회초년생이거나 학생, 신혼부부 같은 아직 경제적으로 여유롭지 못한 사람들이 대부분이었습니다. 그런 사람들이 월세라도 아껴서 돈을 모아보겠다고 전셋집을 구한 것인데 전세 사기에 걸려서 1억, 2억의 돈을 날리고 큰 빚까지 지게 되는 경우를 너무 많이 보았습니다. 이들에게 2억이 넘는 빚은 다시 재기하기 힘든 큰 짐일 수도 있습니다.

만약 내가 살던 집이 경매되었다면, 혹은 집주인이 만기가 되었는데도 돈을 못 주겠다고 한다면 어떻게 해야 할까요?

배당요구

첫째, 내가 살던 집이 경매되었다면 배당요구를 하자.

간혹, 법원에서 내가 살던 집에 경매가 되었다는 통지서가 오는 경우가 있습니다. 그렇다면 일단 배당요구를 검토해봐야 합니다. 경매 절차에서 내 보증금을 돌려받기 위해서는 기본적으로 배당요구를 해야 합니다. 그런데 이 배당요구는 법원에서 통지해주는 배당요구의 종기까지 할지 안 할지를 결정하여 신청해야 하는데, 간혹 이 시기를 놓쳐서 대단히 난처해지는 경우를 보곤 합니다. 예외적으로 내가 대항력이 있고 이 집에서 버티고 살 것이 아니라면 배당요구를 해야 경매 절차에서 보증금을 받을 수 있으니 배당요구를 하는 것이 기본이라 생각하고 신청하기 바랍니다.

종료통지

둘째, 만기가 다가온다면 종료통지를 해야 한다.

통지의 시기가 너무 중요합니다. 종료통지는 만기가 되기 전 6개월에서 2개월 사이에 해야 한다는 것만은 기억해 두어야 합니다. 임대차보호법상 갱신의 통지이든 종료의 통지이든 6개월부터 2개월 안에 통지된 것만이 효력이 있습니다. 사실 방법에는 큰 제한이 없습니다. 내용증명이든 문자이든 전화이든 크게 상관이 없어요. 내용증명이 더 확실한 것 아냐? 라고 생각하는 사람들도 있는데, 사실 내용증명이든 아니든 종료 의사가 상대에게 전달이 되었는지가 중요한 것입니다. 오히려 내용증명의 경우에는 수취인 불명이라든가 반송이라든가 하는 상대가 받지 못했다는 사실이 확인되는 경우가 있어 오히려 적합하지 않은 경우가 생깁니다. 이에 임대인에게 어떤 통지를 할 때는 비교적 통지 여부를 쉽게 확인할 수 있고 입증자료로 만들기 쉬운 문자로 통지하는 것을 추천드립니다.

'○○동 ○○호 세입자입니다. ○○년 ○○월 ○○일로 임대차 만기가 되고, 임대차 갱신 의사가 없어 종료하려 합니다. 만기 날짜에 맞추어 이사할 예정이니 보증금을 미리 준비해두면 감사하겠습니다.'

이 정도의 문구를 뼈대로 약간의 살만 붙여서 통지하면 충분합니다. 다시 말하지만 시기가 너무나 중요하니 꼭 맞추어 하기 바랍니다.

만약 이 시기를 놓치게 되면 묵시의 갱신이 된다거나 하는 법률적 효과가 발생하는데, 그렇다면 일단 종료시기는 기존 임대차계약과 같이 2년을 더 연장하게 되는 효과가 발생하기는 하나, 임차인의 입장에서는 언제라도 종료의 통지는 가능하고 그 종료통지의 효과는 3개월 후 발생하게 됩니다. 그러면 3개월만 더 기다리면 되는 것 아냐? 라고 생각할 수 있는데, 맞습니다. 그런데 그 3개월 안에 무슨 변수가 발생할지 모릅니다. 특히 보증보험에 가입한 경우, 3개월이 연장되면서 보험기간이 도과해버리게 되는 경우 보험금을 지급받지 못하게 되는 사례가 속속 등장하고 있습니다. 보험 기간 내에 발생한 보험사고가 아니라는 것이죠. 그러니 이런 피해를 방지하기 위해서는 꼭 시기에 맞추어 종료의 통지를 하는 것을 추천해 드립니다.

고소 진행

최근에는 단순히 갭투자를 하다가 자금이 부족해서 전세금을 돌려주지 못하는 경우뿐만 아니라, 조직적으로 이루어지는 전세 사기가 횡행하고 있습니다. 시세를 조직적으로 조작하고, 심지어 공인중개사, 감정평가사, 대출상담사까지 연계되어 일반인으로서는 도저히 손쓸 수 없이 당하게 되는 경우도 많습니다. 한 임차인으로서는 이런 전세 사기의 피해를 입은 것인지 알기 어렵지만, 최근에는 수사기관 입장에서도 소위 빌라왕들이라 불리는 조직들을 중심으로 수사가 이루어지고 있습니다. 그러니 만약 전세금을 돌려받지 못하고 있다면 내가 이런 조직들의 표적이 되어 피해를 입은 것이 아닌지 한 번쯤 확인해보고 고소까지 생각해보시는 것을 추천드립니다.

리뷰 달았다가 고소를 당하면

업무방해죄, 명예훼손죄

가게에 리뷰를 달았다가 업무방해죄로 고소를 당하여 상담을 요청하는 사람들이 많이 있는데요. 업무방해죄에 대하여 알아보도록 하겠습니다.

업무방해죄는 형법 제314조 제1항에 '제313조의 방법(허위의 사실을 유포하거나 기타 위계로써) 또는 위력으로써 사람의 업무를 방해한 자는 5년 이하의 징역 또는 1천500만 원 이하의 벌금에 처한다'고 규정하고 있습니다.

형법 제313조 (신용훼손)

허위의 사실을 유포하거나 기타 위계로써 사람의 신용을 훼손한 자는 5년 이하의 징역 또는 1천500만 원 이하의 벌금에 처한다. 〈개정 1995. 12. 29.〉

형법 제314조 (업무방해)

① 제313조의 방법 또는 위력으로써 사람의 업무를 방해한 자는 5년 이하의 징역 또는 1천500만 원 이하의 벌금에 처한다. 〈개정 1995. 12. 29.〉

② 컴퓨터등 정보처리장치 또는 전자기록등 특수매체기록을 손괴하거나 정보 처리장치에 허위의 정보 또는 부정한 명령을 입력하거나 기타 방법으로 정보 처리에 장애를 발생하게 하여 사람의 업무를 방해한 자도 제1항의 형과 같다. 〈신설 1995. 12. 29.〉

위와 같이, 업무방해죄는 허위사실유포, 위계, 위력의 경우에 업무 방해죄가 성립하는데요, 가게에 리뷰를 다는 것의 행위는 '허위사실 유포'가 쟁점의 대상입니다.

즉, 리뷰를 달았을 때 업무방해죄의 해당하는지 여부의 가장 주요 요소는 리뷰 게시글이 실제로 경험한 사실을 근거로 하여 진실한 사실을 작성하였는지입니다. 만일, 리뷰의 내용이 명백히 거짓이라면 업무방해죄가 인정될 가능성이 높을 것이고, 거짓이 아니라면 업무방해죄가 인정되지 않을 가능성이 높겠지요.

다만, 리뷰 게시글의 내용이 진실과 거짓이 섞여 있어 애매한 경우에는 게시글의 중요한 부분이 객관적 사실과 합치되고, 세부 내용에서 진실과 약간의 차이가 있어 다소 과장된 표현이 있다면 허위사실로는 보지 않아요. 즉, 글의 내용 중 중요한 부분이 객관적 사실과 합치되는지 여부가 중요하겠지요.

참고로, 업무방해죄로 처벌받을 경우에는, 형사처벌에서 그치는 것이 아니라 일반적으로 업무방해로 인하여 발생한 손해에 대하여 민사

손해배상청구까지 진행될 수 있다는 점을 유념해야 합니다.

그리고, 보통 리뷰를 달았을 때 업무방해죄뿐만 아니라 명예훼손죄로도 함께 고소하는 경우가 많습니다. 온라인을 통한 명예훼손은 특별법인 '정보통신망 이용촉진 및 정보보호 등에 관한 법률'에 별도로 규정되어 있고, 그 내용은 다음과 같습니다.

정보통신망 이용촉진 및 정보보호등에 관한 법률 제70조 (벌칙)

① 사람을 비방할 목적으로 정보통신망을 통하여 공공연하게 사실을 드러내어 다른 사람의 명예를 훼손한 자는 3년이하의 징역이나 금고 또는 2천만 원 이하의 벌금에 처한다.

위 규정에서 알 수 있듯이, 명예훼손죄의 핵심 쟁점은 '비방할 목적'입니다.

이에 대하여 인터넷 후기와 명예훼손의 인정 여부에 관하여 판결을 한 대법원 판례에 대하여 살펴보면, 비방할 목적이 없다는 취지로 결정을 내렸습니다.

즉, 여러분이 작성한 업체에 대한 인터넷 후기로 인하여 명예훼손으로 고소를 당하였다면, 해당 후기가 공공의 이익을 위한 목적으로,

KEY POINT **실전! 생존법**

인터넷 후기가 명예훼손으로 고소를 당했다면 공공의 이익을 위해, 객관적 사실에 입각하여 작성했다는 점을 적극적으로 어필하자.

명예훼손으로 기소된 사안에서 사람을 비방할 목적에 관한 대법원 판례

'산후조리원을 이용한 피고인이 9회에 걸쳐 임신, 육아 등과 관련한 유명 인터넷 카페나 자신의 블로그 등에 자신이 직접 겪은 불편사항 등을 후기 형태로 게시하여 정보통신망법상 명예훼손으로 기소된 사안에서, 피고인이 인터넷 카페 게시판 등에 올린 글은 자신이 산후조리원을 **실제 이용하면서 겪은 일과 이에 대한 주관적 평가를 담은 이용 후기인 점**, 위 글에 다소 과장된 표현이 사용되기도 하였으나, 인터넷 게시글에 적시된 **주요 내용은 객관적 사실에 부합하는 점**, 피고인이 게시한 글의 공표 상대방은 인터넷 카페 회원이나 산후조리원 정보를 검색하는 인터넷 사용자들에 한정되고 그렇지 않은 인터넷 사용자들에게 **무분별하게 노출되는 것이라고 보기 어려운 점** 등의 제반 사정에 비추어 볼 때, 피고인이 적시한 사실은 산후조리원에 대한 정보를 구하고자하는 임산부의 의사결정에 **도움이 되는 정보 및 의견제공이라는 공공의 이익에 관한 것**이라고 봄이 타당하고, 이처럼 피고인의 주요한 동기나 목적인 공공의 이익을 위한 것이라면 부수적으로 산후조리원 이용대금 환불과 같은 다른 사익적 목적이나 동기가 내포되어 있다는 사정만으로 피고인에게 비방할 목적이 있다고 보기 어렵다.'

객관적 사실에 입각하여 작성하였다는 점을 보다 적극적으로 입증할 필요가 있어요.

명예훼손죄나 모욕죄는 특정성이 중요하다

온라인상이나 누군가의 뒷담화로 큰 피해를 입어 명예훼손죄나 모욕죄로 고소할 생각을 하고 있다면 꼭 살펴봐야 할 것이 있습니다. 그것은 바로 '특정성', 쉽게 설명하면 가해자가 게시한 글의 말이 나를 가리키는 것이 맞는지입니다. 물론, 피해를 당한 본인은 해당 글이 나를 가리키는 것임을 알 수 있겠으나, 더 중요한 것은 본인 외에 다른 제3자가 볼 때도 해당 글에서 가리키는 대상이 바로 나임을 알 수 있어야 하는 것입니다.

저도 명예훼손 내지 모욕죄 사건을 위임받아 진행하다 보면 거의 대부분 '특정성'이 인정되는지가 쟁점이 됩니다.

여기서 특정성이 인정되기 위해서는 반드시 사람의 성명을 명시하여야만 하는 것은 아니고, 성명을 명시하지 않은 경우라도 그 표현의 내용을 주위 사정과 종합하여 볼 때 그 표시가 누구를 지목하는가를 알아차릴 수 있을 정도라면, 피해자가 특정되었다고 볼 수 있습니다.

어떠한 게시글이 나를 가리키는 것인지를 입증하기 위해서는 나는 알 수 있지만, 수사기관을 포함하여 제3자는 정확히 이해하기 어려울 수 있기 때문에 그것이 왜 나를 가리키는 것인지 명백하게 설명하여야 할 것이고, 그것을 이해시키기 위해 온 힘을 집중하여야 할 것입니다.

KEY POINT | **실전! 생존법**

명예훼손죄나 모욕죄로 고소할 생각이면 그것이 나를 가리키는 것임을 어필하라. 특정성이 인정되는지가 쟁점이다.

CHAPTER
6

억울한 뺑소니로 신고당했다면

도주운전죄

이른바 '뺑소니'라 불리는, 도주운전죄에 대하여 설명하겠습니다. 도주운전죄는 운전 중 사람을 사상케 하고도 후속 조처를 하지 않고 도주했을 때 성립합니다.

도주운전죄의 근거 규정은 특정범죄 가중처벌 등에 관한 법률 제5조의3(도주차량 운전자의 가중처벌) 제1항에서 규정하고 있는데요. 운전 중에 교통사고를 내서 사람을 다치게 하거나 사망케 한 경우는 업무상과실치사상죄가 성립하고, 교통사고를 내고도 후속 조치를 제대로 취하지 않고 도주한 경우에는 도주운전죄로 가중처벌 하는 겁니다.

도주운전죄가 성립되려면,

① 자동차, 원동기장치자전거를 운전하다가, ② 사고를 내어 피해자를 상해 또는 사망에 이르게 하고, ③ 교통사고를 낸 사실을 알았음에도 불구하고, ④ 정차 의무, 구호 의무, 인적 사항 제공 의무 등 후속

각종 사례에 적용하는 실전 고소의 기술   **211**

특정범죄 가중처벌 등에 관한 법률 제5조의3 (도주차량 운전자의 가중처벌)

① 「도로교통법」 제2조의 자동차, 원동기장치자전거 또는 「건설기계관리법」 제26조제1항 단서에 따른 건설기계 외의 건설기계(이하 "자동차등"이라 한다)의 교통으로 인하여 「형법」 제268조의 죄를 범한 해당 자동차등의 운전자(이하 "사고운전자"라 한다)가 피해자를 구호(救護)하는 등 「도로교통법」 제54조제1항에 따른 조치를 하지 아니하고 도주한 경우에는 다음 각 호의 구분에 따라 가중처벌한다. 〈개정 2022. 12. 27.〉

1. 피해자를 사망에 이르게 하고 도주하거나, 도주 후에 피해자가 사망한 경우에는 무기 또는 5년 이상의 징역에 처한다.

2. 피해자를 상해에 이르게 한 경우에는 1년 이상의 유기징역 또는 500만원 이상 3천만원 이하의 벌금에 처한다.

② 사고운전자가 피해자를 사고 장소로부터 옮겨 유기하고 도주한 경우에는 다음 각 호의 구분에 따라 가중처벌한다.

1. 피해자를 사망에 이르게 하고 도주하거나, 도주 후에 피해자가 사망한 경우에는 사형, 무기 또는 5년 이상의 징역에 처한다.

2. 피해자를 상해에 이르게 한 경우에는 3년 이상의 유기징역에 처한다.

조치 의무를 이행하지 않고 도주할 것이라는 요건이 필요합니다.

도주운전죄의 처벌 요건

저희가 '도주운전죄', 이른바 뺑소니로 신고를 당한 사람들로부터 사건을 위임받으면, 중점적으로 보는 부분은 다음과 같습니다.

첫째는, 운전자가 사고를 낸 사실을 알았는지 여부입니다.

사고사실조차 몰랐는데 도주차량운전죄로 처벌받는다면 너무 억울하겠지요.

특히, 의뢰인들 중 좁은 골목길을 서행으로 지나가다가 사이드미러에 부딪혔는데도 그냥 갔다는 혐의로 뺑소니로 신고당해서 찾아오시는 사람들이 있습니다. 그들의 공통된 말은 피해자와 부딪힌 사실을 전혀 몰랐다고 합니다.

그럼 저희는 의뢰인의 진술을 뒷받침하기 위해서 우선, 블랙박스를 확인해서 시야에 피해자가 확인되는지, 블랙박스에 충격 소리가 들리는지, 사고 당시에 피해자가 운전자에게 항의하는 행동을 취하거나 말하는 모습이 보이는지 등을 살펴보고요. 사고시간과 동일한 시간, 동일한 요일에 사고 현장으로 출동해서, 주변 소음 여부 및 유동 인구 등을 세밀하게 검토하는 작업을 거치고 있습니다.

둘째는, 피해자의 상해 여부를 확인하고 사고 당시 구호 조치의 필요 여부를 검토합니다.

도주운전죄가 성립하려면 상해에 이르러야 한다는 점을 설명하였는데요. 그렇다면, 여기에서 말하는 '상해'는 어떠한 의미인지에 대하여 대법원 판례는 형법 제257조 제1항에 규정된 '상해'로 평가될 수 없을 정도의 극히 하찮은 상처로서 굳이 치료할 필요가 없는 것이어서 그로 인하여 건강 상태를 침해하였다고 보기 어려운 경우에는 위 죄가 성립하지 않는다고 하고 있습니다. 이렇듯, 사고 당시 및 사고 이후에 여러 가지 사정들을 파악함으로써, '상해'로 인정될 수 있는 것인지 살펴보는 작업이 필요합니다.

셋째는, 운전자가 사고 이후 어느 정도의 후속 조치를 했는지 검토

합니다.

교통사고를 내면 반드시 정차 의무, 구호 의무, 신원 제공 의무를 이행해야 합니다. 쉽게 설명해서, 교통사고가 나면 반드시 차를 세워야 하고, 피해자를 적극적으로 구조해야 하며, 자신의 연락처가 담긴 신원을 피해자에게 제공해야 합니다. 사안에 따라 운전자가 위 의무들에 대하여 어느 정도까지 이행했는지 파악해서, 도주운전죄가 성립하는지 검토하고, 만일 도주운전죄가 인정되는 사안이라면 운전자가 행한 조치 의무가 양형인자 중 감경인자로서 인정받을 수 있는 부분이 있는지 검토하여야 합니다. 뺑소니로 신고당했다면, 너무 당황하지 마시고 위에 내용을 참조하기 바랍니다.

KEY POINT **실전! 생존법**

교통사고가 나면 반드시 피해자가 다친 것을 확인하고 후속조치를 한다. 연락처를 주는 것도 중요하다.

고소의 기술

- ○ 오늘 재판을 간다면 알고 갈 것들
- ○ 소송과 고소 얼마나 걸리는가
- ○ 변호사를 만나 상담을 잘 받으려면

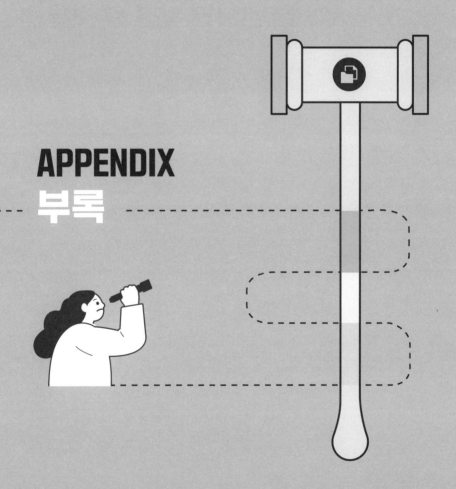

APPENDIX
부록

오늘 재판을 간다면 알고 갈 것들

시간에 맞춰서 가라

당연히 재판 시간은 잘 맞춰서 가야하고 법원이 처음이라면 일찍 가는 게 좋습니다. 법원은 서비스를 받는 곳이 아닙니다. 늦으면 기다려주지 않습니다. 노쇼 할 수는 없습니다. 재판에 늦어서 출석하지 못한다고 해서 봐주지 않습니다. 불출석에 따른 불이익이 있고 이로 인해 재판에 지든지 구속영장이 나오든지 불이익을 감수해야 하는 곳입니다.

물론 미리 갔다가 앞 사건의 재판이 지연되어서 방청석에서 기다려야 되는 경우가 많습니다. 그러나 본인의 재판 시간에 늦어서 지는 것보다는 훨씬 낫습니다. 처음 가는 법원이라면 법정 호실을 찾는 것도 쉽지 않습니다. 딱 맞춰 갔다가 법정을 못 찾아 헤매는 일도 있어 당황하게 됩니다. 일찍 가세요.

시간에 맞춰 가기 위해서 대중교통을 이용하는 것을 추천해 드립니다. 특히 재판이 몰리는 시간에는 법원과 법원 인근 주차장이 난장판입니다. 오전 10시부터 11시 반, 오후 2시부터 4시까지 재판이 많은 시간대에는 주차하는데 최소한 30분 이상 걸린다고 생각하고 여유 있게 오시거나 대중교통을 이용하세요. 변호사도 일찍 간다고 가다가 주차 때문에 재판 시간에 늦으면 진짜 차를 버리고 싶습니다. 대중교통 이용을 추천합니다.

뭔가를 준비했다면 미리 제출하라

처음 재판에 가보시면 엄청나게 당황할 겁니다. 뭔가 법정에 가게 되면 변론이 치열하게 이뤄지고 말도 몇 마디 할 것 같은데, 아니거든요.

보통 1회 재판 시간은 쌍방 변호사가 있는 일반적인 변론기일이면 5~10분 정도면 끝납니다.

3천만 원 이하의 소액사건이면 사건 하나에 1분도 안 걸리는 경우도 있습니다. 실제 재판을 구경한 사람이 있다면 재판장님이 웅얼웅얼하고 변호사가 그에 맞추어 웅얼웅얼한 후 몇 초 만에 절차가 진행되는 것을 본 적이 있을 것입니다. 사실 일반인이 보면 무슨 일이 일어나는지 잘 모를 수도 있습니다.

어떻게 그렇게 빨리 진행 되냐고요? 미리 제출하거든요.

법정에서는 주장과 입증에 대해서 미리 서면과 서증으로 제출하여야 하는 것이 원칙이고 변론기일에 구두 변론하는 것은 예외에 해당합니다. 사실상 구두 변론을 길게 하려고 하면 재판장이 서면으로 제출하라고 합니다. 그러니 할 말이 있으면 미리 서면으로 제출하고, 증거도 있으면 미리 서증으로 만들어서 제출하여야 합니다. 또 상대 서면에 반박할 것이 있으면 미리 답변서도 써서 제출해야 하고요.

변호사는 절대 준비 없이 가지 않습니다. 서면으로 미리 제출하고 증거의 요지까지 설명하며 앞으로 입증계획까지 미리 요약해서 제출합니다. 그러니 서면으로 미리 다 세팅이 다 된 상태이니 재판 시간이 오래 걸릴 이유가 없죠.

"원고 측 서면진술 하시겠어요."

"네."

서면으로 모든 것이 제출되었기 때문에 딱 5초 정도 질문과 답변이 오갑니다. 정말 예외적으로 재판 시간이 오래 걸리는 경우는 집중재판부이거나 증인 신문과 같은 특별한 기일일 경우밖에는 없습니다.

상대방은 이렇게 다 준비해서 미리 다 제출했는데 빈손으로 가서 구두 진술로 반박한다고 하면 재판부가 좋아할 리 없겠죠. 말할 기회도 별로 없을 겁니다. 그러니까 뭔가 준비했고 반박할 게 있다면 미리 제출하세요.

전자 소송을 이용하자

사실 민사재판의 경우 전자소송화가 완전히 이루어져서 이제 재판부도 대부분 전자 재판으로 소송을 진행합니다. 그래서 전자 소송으로 진행되는 재판인 경우 서증을 실물로 내게 되면 오히려 전자 소송으로 제출하라는 경우도 있습니다.

그러니 전자소송시스템을 이용해서 소송을 진행하세요. 처음에는 사용법을 배워야 하니 어려울 수 있지만 익숙해지면 법원 민원실을 오가는 것보다는 훨씬 편합니다. 어떻게 이용하냐고요? 검색창에 대법원 전자 소송을 치면 사이트가 나오니 참고하세요. 사실 한 번 이용해보면 전자 소송은 과거와 비교할 수 없을 정도로 편해졌다는 것을 알 수 있습니다.

또 전자 소송은 아니지만, 인터넷에서 '나의 사건 검색'으로 검색하면 대한민국 법원에서 제공하는 사건 검색 서비스를 이용할 수 있습니다. 웹 페이지를 통해 간단한 사건 진행내용이나 기일 정보, 출석해야 할 시간과 법정 호실 등을 확인해 볼 수 있으니 재판을 진행한다면 필수적으로 이용하는 것이 좋습니다. '나의 사건 검색'은 핸드폰 애플리케이션으로도 이용할 수 있으니 꼭 이용해 보는 것을 추천해드립니다.

최근 변호사 사무실도 민사의 경우에는 업무 대부분을 전산으로 하고 있고 종이 없는 사무실을 지향하고 있습니다. 당연한 거죠. 2020년대잖아요. 10년 전만 해도 아직까지도 전자 소송이 도입은 됐지만 종이 기록을 이용하는 것이 뭔가 정석적인 것처럼 느껴졌습니다. 종이 기록의 낭만이 있던 시기였고, 종이 기록을 들고 다니던 시절이었습니다. 문제는 그 기록이라는 것이 천 페이지가 넘는 종이 뭉치라 재판이 몰리는 날에는 기록들을 등산용 배낭에 짊어지고 다니던 때도 있었습니다. 이제는 노트북 하나 들고 재판정에 들어가는 시대이니 얼마나 혁신적입니까(!)? 전자 소송을 꼭 이용하기 바랍니다.

그런데 2020년대에도 아직도 전자로 진행되지 않고 종이 기록으로만 진행되는 경우가 있습니다. 바로 형사 법정이죠. 사실 형사 법정은 모든 것이 클래식하고 아날로그입니다. 모든 절차가 종이로 진행되고 절차적인 까다로움이 있죠. 그래서 다음 팁이 필요합니다.

민원실을 이용하자

형사 재판은 믿을 수 없을 정도로 클래식합니다. 형사 법정의 무게감은 민사소송과는 또 다른 분위기입니다. 굉장히 클래식하고 아날로그한 방식이지요. 모든 진행이 실제 서면에 의해서 서면을 통한 진행을 하다 보니 처음 겪어보면 난감할 겁니다. 이때는 어쩔 수 없이 법원 민원실을 통해서 소송을 진행해야 할 것입니다. 법원에 가 보면 필요한 상당 부분의 서식도 민원실을 통해서 얻을 수 있습니다.

물론, 처음 하면 어려울 겁니다. 형사소송이 어렵게 느껴지고 손이 많이 가는 게 이런 부분 때문입니다. 변호사가 있다면 알아서 해주는 부분이 있지만 개인이 다 하기 쉽지 않습니다. 그래도 대안이 없습니다. 그래도 팁을 드리자면 민원실을 잘 이용하면 그나마 감을 잡을 수 있을 겁니다.

복장을 단정히 하자

사실 이 말을 할까 말까 고민이 많이 됩니다만 필요한 내용이라 뺄 수 없었습니다. 복장을 단정히 하는 것을 추천드립니다. 정말 그렇지 않겠지만, 재판도 아무래도 사람이 하는 일이다 보니 복장이 단정하고 정중한 사람의 말이 더 진지하게 들리는 것은 사실입니다. 가능하면 단정하게 입으세요. 제가 의뢰인들에게는 늘 이야기하지만, 최대한 정중한 복장을 갖추기를 추천드립니다. 특히 형사 재판에서는요. 형사 재판은 정말 만에 하나도 중요하기 때문에 혹시라도 불이익이 되는 일은 없어야 합니다.

일전에 피고인으로 법정에 출석한 의뢰인에게 수트를 입고 재킷까지 입고 오시라 했는데, 반짝이는 보라색 수트를 입고 온 적이 있었습니다. 그때의 충격으로 저는 의뢰인분들에게 꼭 이야기 합니다. 검정이나 어두운색 재킷을 입고 오시기를 추천드립니다. 꼭 정장이 아니라도 좋습니다. 일할 때 입는 복장이 있다면 성실한 사람이라는 인상을 주기 위해서 유니폼을 입고 올 것을 권유하는 경우도 있습니다. 어쨌든 단정한 옷차림이면 됩니다.

'법정이 뭐 대수라고 사람이 하는 일인데'라고 생각할 수도 있습니다만, 정중한 복장을 갖추는 것은 판사라는 사람에게만 예의를 갖추는 것이 아니라 법정이라는 사법에 대한 예의를 갖추는 것이기도 합니다. 정중하고 진지한 태도로 재판에 임하는 만큼 더 신뢰감 있는 재판을 해주기를 바라는 마음으로 단정한 복장을 갖추어 입고 오기를 추천해 드립니다.

소송과 고소 얼마나 걸리는가

제가 상담하면서 많이 듣는 질문이 "변호사님 이 소송 시작하면 얼마나 걸려요? 언제 끝나요? 판결문 언제 받을 수 있어요?" 입니다.

재판이란 게 이기고 지는 것이 당연히 가장 중요하지만 얼마나 걸리는지도 당사자 입장에서 중요하죠. 맞습니다. 재판을 처음 경험하면 당연히 왜 이렇게 오래 걸리나 답답할 겁니다.

사실 변호사들도 빨리 끝내고 싶어요. 법률사무소 입장에서도 재판이 오래 걸리면 부담스럽습니다. 재판이 길어지면 길어질수록 출석해야 하는 횟수도 늘어나고 그만큼 사무실에 쌓이는 사건들도 늘어납니다. 그에 따라 사건에 들어가는 시간과 일이 늘어나고 법원에 왔다 갔다 해야 하고 처리해야 하는 절차적인 업무도 늘어납니다. 또 무엇보다 의뢰인들이 불안해하고 초조해하는 마음을 달래는 것도 큰일입니다. 변호사도 빨리 끝내려고 최선을 다하지만 기본적으로 재판은 시간이 드는 절차이고 어려운 사건일수록 길어질 수밖에 없습니다.

왜일까요?

법원에는 정해진 절차와 기일이 있습니다. 그 첫 번째 절차부터 마지막까지 시간이 걸리는 절차입니다.

송달에도 시간이 걸린다

일단 민사소송에서는 송달이라는 첫 절차부터가 생각보다 오래 걸립니다. 송달은 쉽게 말해서 상대편에게 재판이 시작되었음을 통지하고 관련 서류를 우편으로 보내는 건데요. 재판을 처음 하는 사람은 송달이 왜 그렇게 오래 걸리는 문제인지 이해가 안 될 수 있습니다. 그렇지만 실제로 시간이 필요한 절차이고 송달 때문에 생각보다 재판 기간이 늘어나는 경우가 꽤 많습니다. 단순히 당사자가 우체국에 가서 상대방에게 편지를 보내면 되는 것이 아니라, 당사자는 법원에 서류를 접수하고, 법원에서 접수된 소송 서류를 확인한 뒤 분류해서 재판부 배당이 되어야 하고, 이후 상대편에게 송달하게 됩니다. 또, 이 우편을 피고가 받아야 되는데 여기서 또 피고가 안 받는다거나 주소가 달라서 불명이라거나 하면 보정 절차를 거치거나 상대방의 주소를 찾는 절차를 거치게 됩니다. 그러면 최소한 한 달에서 석 달이 훅 지나갑니다. 첫 재판기일이 소장내고 첫 재판이 잡히는 데 기본적으로 2~3개월은 소요되고, 심하면 6개월에서 1년 있다가 잡히는 경우도 있습니다. 재판은 시작도 안 했는데 송달하는 데만 이렇게 시간이 소요된 것입니다. 이 송달 절차가 경우에 따라 이렇게 길어질 수 있기 때문에, 송달이 까다로운 사건에서는 직원에게만 맡겨두지 않고 변호사가 직접 신경을 써서 송달 기간을 줄여보려는 노력을 기울이기도 합니다.

기일마다 시간이 걸린다

재판은 아무 때나 와서 변론하는 것이 아니라, 재판부에서 지정한 기일이 있고, 그 변론기일 이전에 상호 서면으로 주장할 것과 입증자료를 제출하도록 하고 있습니다. 민사나 이혼 등에서는 변론기일이라고 하고 형사에서는 공판기일이라고 합니다.

민사는 보통 단순한 사건에서라면 3회 정도, 보통 5회 이상 변론기일을 거치게 되는데, 주장하고 입증자료가 제시되고 반박하는 변론기일이 한 기일당 한 달 정도의 텀을 두고 진행이 된다고 보면 됩니다. 그러면 이 기일이 5개월 이상 소요되는 것이죠. 또 1월 초와 8월 초는 법정 휴정기이기 때문에 기일이 잘 잡히지 않습니다. 또 2월에는 법원과 검사의 인사이동 시즌이 있기 때문에 또 기일이 잡히지 않는 경우가 있습니다. 이런 기간까지 고려하면 꽤 많은 시간이 소요되게 됩니다.

여기서 변론이 종결되었더라도 바로 판결이 되는 것은 아니고, 선고기일을 한 달 뒤 정도로 잡고 판결하게 됩니다.

축하합니다. 이제 판결문을 받아드시게 되었습니다.

자, 그런데 상대편이 항소했다고 합니다. 우리나라 법원은 3심제이고 누구나 판결에 대하여 불복하여 항소할 수 있는 권한이 있습니다. 이제 2차전이 시작되는 것입니다. 이 절차에 또 시간이 소요됩니다.

이렇게 보면 아주 평범한 소송도 1년이 걸리는 것이 이상하지 않습니다. 그런데 특수한 사건이 되면 시간이 더 소요되는 경우도 있습니다. 의료인이나 감정평가사 등 전문가의 감정이 필요하거나 피고가 주소불명이거나, 공시송달이 되거나, 그 피고를 다시 찾았는데, 그 피고가 사실은 사망했거나, 그러면 다시 상속인을 찾아야 하거나, 거기다가 1심으로만 안 끝나고 2심, 3심까지 끈질기게 하다 보면 진짜 몇 년이 걸리는 사건도 그리 드물지는 않습니다.

형사 사건은 형사 재판만 보면 민사보다는 신속하게 진행되기는 합니다. 빨리 끝나는 건 좋은데 그만큼 변호사가 빨리빨리 움직여야 하고 해야 하는 일도 많습니다. 그런데 형사 사건이라도 수사단계부터 보면 꽤 오래 걸리기도 합니다. 특히 횡령, 사기와 같은 경제범죄는 또 시간이 민사 사건보다 오래 걸리기도 합니다.

사건의 난이도마다, 상대방의 대응마다, 또 재판부의 성향마다 기일은 늘어날 수도 줄어들 수도 있습니다. 그래서 일반적으로 이 정도 걸린다고 이야기하기가 참 어렵습니다. 대략 순조롭게 진행되면 이 정도 걸릴 수 있다 정도로 참고로 생각하면 좋겠습니다.

덧붙이자면, 법률전문가의 입장에서도 이렇게 긴 기간 동안 집중력을 유지하면서 주장하고 증거를 제시하고 절차에 맞게 진행하는 것이 솔직히 쉽지는 않습니다. 그 긴 소송 기간 동안 꼼꼼하게 처리 하는것은 어렵습니다. 그래서 변호사가 필요하기도 합니다. 변호사의 가장 중요한 역할은 재판을 이기게 끌고 가는 것이지만, 그 긴 소송 기간 동안 소송 절차를 꼼꼼하게 안전하게 처리해주는 것 역시 중요한 역할입니다.

변호사를 만나 상담을 잘 받으려면

변호사와 잘 상담받는 법

전국에 법원이 있는 곳 근처에는 법조단지가 형성돼있죠. 서울 서초
동, 인천 학익동, 수원 광교. 이런 곳을 지나가다 보면 이런 간판을 쉽
게 보실 수 있습니다. 무료 법률상담.

또 인터넷을 잠깐만 검색해보면 이런 광고를 많이 볼 수 있습니다.
무료 법률상담.

이거 왜 하는 걸까요? 이상하게 생각해본 적 없나요?

변호사협회에서는 법률상담은 유료라고 하고 있습니다. 캠페인까
지 하고 있죠. 저도 무료 법률상담을 하지 않습니다. 절대라고는 못 하
겠으나 거의 하지 않습니다. 친한 지인이라던가 정말 당장 법적인 조
치가 필요한 사건은 조언 정도의 상담을 해드리기도 합니다만 이것은
제 개인적인 의견을 전해드리는 것이지 전문적인 법률상담의 영역은
아닙니다.

무료 법률상담을 하는 것이 좋은 걸까요, 아닌 걸까요?

변호사가 시간을 쓰는 일에는 기본적으로 가격표가 붙습니다. 사건을 수임하고 변론하고, 수사 입회하고 의견서를 쓰고, 모두 유료입니다. 유명 로펌 대표 변호사의 시간은 몇백만 원, 개업변호사나 고용 변호사의 한 시간은 몇십만 원 이렇게 가격이 붙어있죠.

그런데 왜 유독 법률상담만 무료일까요. 왜 무료 법률상담을 하는 걸까요.

혹시라도 제 말이 불편하더라도 제 개인적인 의견이라 생각하고 너 그렇게 봐주기를 바랍니다. 이 이야기가 변호사업계에서는 약간 예민한 이야기일 수 있는 아직도 성행하는 마케팅 방법이며 변호사업계의 수익구조와도 연결이 되어 있기 때문입니다.

로펌이나 변호사사무실이나 매출과 이익 대부분은 사건 수임에서 발생합니다. 물론 최근에는 자문이나 여러 가지 활동으로 수익을 창출하려고 노력하고 있습니다만, 여전히 큰 비율을 사건 수임에 의존하고 있습니다. 반대로 말하면 사건 수임이 되지 않으면 사무실이 돌아가지 않는 것입니다.

미국의 경우에는 변호사가 시간당으로 비용을 받는 것을 당연하게 생각한다고 합니다. 반면에 우리나라의 경우에는 선수금으로 수임료를 목돈으로 받습니다. 소송을 처음부터 끝까지 맡아주는 것으로 일종의 패키지 상품인 거죠. 저는 이런 수임 구조가 나쁘다고는 생각하지는 않습니다. 한 변호사가 한 사건을 처음부터 끝까지 책임감 있게 책임질 수 있는 장점이 있고, 우리나라의 법률 시스템에는 맞다고 생각합니다. 무엇보다 소송전략을 처음부터 잘 소통해서 시작할 수 있는 장점이 있습니다.

다만 단점은 로펌의 궁극적인 목표가 사건 수임이 될 수 있다는 것입니다. 로펌이나 변호사사무실이나 사건 수임을 위해서 마케팅에 큰 비용을 지불하고 있습니다. 과거에는 사건 브로커에게 변호사의 수익을 떼어주는 형태의 마케팅이 성행했고, 현재는 키워드, 블로그 등 인터넷 마케팅 업체에 엄청난 비용을 지불하고 고객을 유치하려 하고 있습니다. 마케팅은 변호사와 일반 고객 사이의 접근성을 위해서 필요하기도 합니다만 높은 마케팅 비용은 선임료의 상승으로 이어지기도 합니다. 적정한 수임료가 얼마가 되어야 하는지는 딱 잘라 말할 수 없는 문제이지만 높은 마케팅 비용이 수임료 상승에 영향을 미치는 것은 사실입니다.

여기서 무료 법률상담을 하는 이유를 유추해볼 수 있는 거죠. 어차피 마케팅 비용을 지출하는 거 매출 비중도 얼마 안 되는 상담료를 포기하더라도 수임을 위해서 무료 상담고객을 유치하려 하는 것이죠. 그중에서 수임으로 이어지는 고객이 있다면 상담료보다 훨씬 많은 금액을 받을 수 있으니까요.

어떻게 보면 법률사무실이나 의뢰인 입장이나 윈윈 아닌가 생각할 수 있습니다. 어차피 브로커를 통하나 마케팅 업체를 통하나 변호사만 잘 찾으면 되는 것 아닌가?

그런데 함정이 있죠. 정확한 법률상담이 아니라 사건 수임을 궁극적인 목적으로 하거나 혹은 오로지 사건 수임만을 목적으로 하는 법률상담 아닌 상담이 될 수 있다는 것입니다.

법률상담은 의뢰인에게서 가능한 최대한의 정보를 수집하고 현재 의뢰인이 처한 객관적인 상황을 확인하고, 그 상황을 기반으로 여러 가지 시나리오를 설정해서 최선의 방법을 제시하는 것을 뼈대로 합니다.

법률상담을 하는 변호사는 양심에 따라 가능한 최선의 방법을 제시해야 한다고 생각합니다. 비록 그것이 궁극적으로 사건의 선임이 아니더라도 말이죠. 경우에 따라 변호사를 선임하지 마시고 이렇게 해보라는 말도 해야 하죠.

당연히 법률상담이 전문성이 있어야 하는 것은 물론 사건이 선임되었을 경우, 재판이 시작될 경우, 어떻게 진행 해야 할 것인지에 대해서도 안내가 되어야 하겠습니다만, 또한 고려되어야 할 것이 꼭 재판이라는 방법만이 아니라 또 다른 선택지가 있는지에 대해서도 여러 가지 방안을 제시해 주는 것이 좋은 법률상담이라 생각합니다. 여러분의 돈을 아껴주는 것은 덤이고요.

제사는 관심 없이 제삿밥에만 관심 있는 상담이 되어선 안 됩니다. 그런데 만약 무료 법률상담을 하면서 정작 수임에만 급급해지면 정말 양심적인 상담을 할 수 있을까요?

저는 그런 관점에서 무료 법률상담은 그다지 추천해 드리지 않습니다. 무료 법률상담을 하지 마라는 건 아닙니다. 무료 법률상담이라도 전혀 법률적인 지식이 없고 지금 당장 막막하고 방법조차 몰라 가이드라인이 필요하다면 딱 그 정도 용도로 활용하면 참고가 될 수도 있습니다. 정말 금전적으로 여유가 없는 어쩔 수 없는 경우에나, 참고가 필요한 경우에 활용하고, 가능하다면 변호사와 유료 상담 예약을 한 후 상담하는 것을 추천드립니다.

변호사의 시간만큼 여러분의 시간도 중요합니다. 그만큼 책임감 있는 상담을 들어야 합니다.

여러분의 시간을 투자해가면 여러분의 인생에서 한 번 있을까 말까 한 중요한 사건을 무료 법률상담에 맡기느니 정당한 가치를 내고 더 책임감 있는 법률상담을 들으라고 하고 싶습니다.

법률상담 하는 팁

법률상담을 할 때 팁을 몇 가지 이야기 하려고 합니다.

첫째, 법률상담을 예약할 때 내가 상담하게 될 변호사의 정보를 미리 알고 가라.

내가 어떤 변호사와 상담하고, 그 변호사가 어떤 분야의 전문인지, 어떤 분야에서 주로 활동하는지 알고 가는 게 좋습니다. 또 대한변호사협회에서 인증하는 전문 분야는 일정한 요건을 갖추어야 인증이 되기에 최소한 그 분야에서 전문성을 갖춘 변호사임을 확인할 수 있습니다. 즘에는 홈페이지나 인터넷을 통해 변호사의 약력이나 전문 분야도 확인할 수 있으니 최소한의 정보는 확인하고 가기를 추천해 드립니다.

둘째, 자료는 미리 모아서 가라.

상담하기 전에 미리 최대한의 정보를 수집하고 가능한 증거를 모두 들고 상담에 갑니다. 변호사도 입증자료 없이 상담자의 말에만 의존해서 상담하게 되면 불명확한 경우가 생깁니다. 상담 시간도 길어지게 되죠. 또 상담을 한 번이 아니라 두 번 세 번 받아야 하는 경우도 생깁니다. 변호사들도 불명확한 당사자의 말에만 의존해서 상담하는 것 보다는 눈으로 보이는 입증자료를 확인하는 것을 선호합니다. 정확한 자료를 보지 않는데 정확한 법적 조언을 어떻게 할 수 있겠습니까. 그러니 미리 입증자료를 수집하고 들고 가는 것을 추천해 드립니다.

셋째, 내 사건을 수행할 변호사와 상담할 수 있는지 확인하라.

가끔 직원이 상담한다거나 실제 수행하지 않는 파트너 변호사와 상담하는 경우가 있습니다. 물론 전해 들을 수 있겠지만 결국은 재판을 수행하는 변호사와 마주 앉아야 정확한 의뢰인의 의견을 확인할 수 있습니다. 재판과정에서 소통에도 훨씬 이롭습니다. 미리 어떤 변호사가 여러분의 사건을 맡아 진행할 건지 확인하는 것이 좋습니다.

고소의 기술

초판 1쇄 2024년 10월 30일

지은이 현창윤, 김건우
펴낸이 허연
편집장 유승현 **편집1팀장** 김민보

책임편집 김민보
마케팅 김성현 한동우 구민지
경영지원 김민화 김정희 오나리
디자인 ㈜명문기획

펴낸곳 매경출판㈜
등록 2003년 4월 24일(No. 2-3759)
주소 (04557) 서울시 중구 충무로 2(필동1가) 매일경제 별관 2층 매경출판㈜
홈페이지 www.mkpublish.com **스마트스토어** smartstore.naver.com/mkpublish
페이스북 @maekyungpublishing **인스타그램** @mkpublishing
전화 02)2000-2632(기획편집) 02)2000-2646(마케팅) 02)2000-2606(구입문의)
팩스 02)2000-2609 **이메일** publish@mkpublish.co.kr
인쇄·제본 ㈜M-print 031)8071-0961
ISBN 979-11-6484-721-1(03360)